Verhandlungen, Mitteilungen

und

Berichte

des

Centralverbandes Deutscher Industrieller.

№ 98.

Herausgegeben

vom

Geschäftsführer H. A. Bueck, Berlin W., Karlsbad 4a.

Telephon: Nr. 2527, Amt VI.

Mai 1904.

Berlin 1904.

J. Guttentag, Verlagsbuchhandlung,

G. m. b. H.

Druck: Deutscher Verlag (Ges. m. b. H.), Berlin SW. 33380.

Inhaltsverzeichnis.

I.

Sitzung des Ausschusses

des

Centralverbandes Deutscher Industrieller,

abgehalten am

11. April 1904, nachmittags 3 Uhr,

zu Berlin im „Hotel Kaiserhof“.

Der stellvertretende Vorsitzende, Hüttenbesitzer **R. Vopelius**-Sulzbach, Mitglied des Herrenhauses, eröffnete die Sitzung mit begrüßenden Worten an die Erschienenen und schlug demnächst vor, folgende Herren in den Ausschuß zuzuwählen:

Kommerzienrat Buz-Augsburg,
Ministerialdirektor a. D. Hoeter-Berlin,
Direktor Fuchs-Berlin,
Bergmeister Engel-Essen,
Dr. Rentzsch-Blasewitz bei Dresden,
Generaldirektor Weinlig-Dillingen.

Die Zuwahl dieser Herren wurde einstimmig beschlossen.

Demnächst wurde einstimmig beschlossen, der am 12. April tagenden Delegiertenversammlung vorzuschlagen:

als Ersatz für den verstorbenen Kommerzienrat Krafft-Schopfheim zum Mitglied des Direktoriums zu wählen:

Kommerzienrat Semlinger-Bamberg;

ferner in den Ausschuß zu wählen:

als Mitglieder:

für Dr. Rentzsch-Blasewitz bei Dresden, der in die Stellung eines zugewählten Mitgliedes übergetreten ist,

Landrat a. D. Roetger-Essen,

und für Kommerzienrat Semlinger-Bamberg, der als Mitglied des Direktoriums in Aussicht genommen ist,

Direktor Koegel-München;

als stellvertretende Mitglieder:

für Hüttendirektor Ottermann-Dortmund, der ausgeschieden ist,

Rechtsanwalt Wandel-Essen,

für Handelskammersyndikus a. D. Bernhardi-Marburg, der gestorben ist,

Handelskammersyndikus Dr. Lehmann-Aachen.

Baurat Rieppel-Nürnberg beantragte, mit Rücksicht auf die in letzter Zeit eingetretene starke Vermehrung des Mitgliederbestandes des Centralverbandes eine Ergänzung der Satzungen dahin in Aussicht zu nehmen, daß die Zahl der Mitglieder des Direktoriums auf 12 erhöht werde.

Der Ausschuß beschloß, der nächsten Delegiertenversammlung eine entsprecheude Vorlage zu unterbreiten.

In dem Ausschuß fand sodann eine sehr eingehende Beratung der vom Direktorium vorgelegten

„Satzungen der Hauptstelle Deutscher Arbeitgeberverbände"

statt.

Die Beratung führte nur zu kleinen Aenderungen der Vorlage in den §§ 2 und 23 und zu einer Umgestaltung des § 11; die so gestalteten Satzungen wurden dann vom Ausschusse einstimmig angenommen.

Generalsekretär Bueck-Berlin und Generalsekretär Stumpf begründeten dann die von ihnen zur Novelle zum Börsen- und Reichsstempelgesetz für die Delegiertenversammlung gestellten Resolutionen. Nach kurzer Erörterung wurde die Vorlage der Resolutionen in der vorgeschlagenen Fassung von der Mehrheit genehmigt.

Schluß 7½ Uhr.

II.

Versammlung der Delegierten

des

Centralverbandes Deutscher Industrieller,

abgehalten am

Dienstag, den 12. April 1904, nachmittags 1 Uhr in Berlin im „Hotel Kaiserhof".

Vorsitzender, Hüttenbesitzer, Mitglied des Herrenhauses **Vopelius**-Sulzbach: Meine Herren, indem ich die Sitzung eröffne, habe ich die Ehre, Sie namens des Direktoriums des Centralverbandes zu begrüßen und Ihnen für Ihr Erscheinen zu danken.

Meine Herren, zu unser aller Bedauern ist unser verehrter Vorsitzender, Herr Geheimrat Jencke, noch nicht in der Lage, in einer größeren Versammlung den Vorsitz übernehmen zu können, und deshalb ist die Leitung der heutigen Versammlung mir zugefallen.

Meine Herren, der Centralverband Deutscher Industrieller wurde vor 28 Jahren begründet zum Schutze der nationalen Arbeit. Seit dieser Zeit sind dem Centralverband noch sehr große Aufgaben geworden durch die Arbeiterversicherungs-Gesetzgebung und durch sonstige soziale Fragen. Der Centralverband hat sich namentlich bei letzteren stets auf den Standpunkt gestellt, daß seine Mitglieder Herren im eigenen Hause bleiben müssen. Dadurch ist dem Centralverband der Titel geworden „Der Verband der Scharfmacher". Nun, meine Herren, wir acceptieren diesen Titel gerne als einen Ehrentitel im Gegensatz zu denjenigen, welche vielfach in der Presse als Schlappmacher bezeichnet werden.

Meine Herren, der Kampf des Centralverbandes richtet sich immer gegen die Sozialdemokratie und deren Folgen. Und so ist auch in der heutigen Tagesordnung, welche das Direktorium sich die Ehre gegeben hat, Ihnen vorzulegen, ein Punkt, welcher bei richtiger Durchführung wohl geeignet erscheint, dem weiteren Fortschritt der Sozialdemokratie energisch Halt zu gebieten.

Meine Herren, die Hauptstelle der Arbeitgeberverbände hat u. a. auch zum Zwecke den Schutz der Arbeitswilligen. Meine Herren, Sie erinnern sich, daß s. Z. aus der Initiative unseres allergnädigsten Kaisers dem Reichstage eine Vorlage unterbreitet worden ist, welche den Schutz der Arbeitswilligen bezweckte. Diese Vorlage hat in dem Reichstage ein Begräbnis erster Klasse erfahren. Die Vorlage wurde an eine Kommission zur Vorberatung überwiesen und kam aus dieser Kommission nicht wieder an das Plenum zurück.

Meine Herren, heute stehen Sie nun vor der Frage: Wollen Sie die berechtigten Forderungen Sr. Majestät, soweit es an Ihnen liegt, zur Durchführung bringen? Meine Herren, ich zweifle nicht an Ihrer Antwort, und Sie werden deshalb mit mir freudig einstimmen, wenn ich Sie bitte auszurufen:

Seine Majestät, unser allergnädigster Kaiser und Herr lebe hoch, — und nochmals hoch — und zum dritten Mal hoch!!

(Die Anwesenden, die sich erhoben haben, stimmen begeistert in das dreimalige Hoch ein.)

Wir treten in die Tagesordnung ein. Punkt 1 lautet:

„Wahl eines Mitgliedes in das Direktorium".

Wie Sie aus dem blauen Büchlein erfahren haben und wohl auch aus den Zeitungen, ist im verflossenen Herbst das Mitglied des Direktoriums Herr Kommerzienrat Krafft aus Schopfheim uns leider entrissen worden. Wir haben deshalb heute die Verpflichtung, einen Ersatz für den Herrn Kommerzienrat Krafft zu schaffen und ein neues Mitglied in das Direktorium zu wählen. Es liegt in der Natur der Sache, daß wir wieder aus dem Kreise und aus der Gegend, aus welcher Herr Kommerzienrat Krafft hervorgegangen ist, den Ersatz nehmen. Der Ausschuß, welcher sich gestern mit dieser Frage beschäftigt hat, schlägt Ihnen Herrn Kommerzienrat Semlinger in Bamberg vor.

Meine Herren, ich frage, ob sich ein Widerspruch gegen diesen Vorschlag erhebt. — Das ist nicht der Fall, dann darf ich Ihre Zustimmung zu diesem Vorschlage annehmen und erkläre Herrn Kommerzienrat Semlinger als Mitglied des Direktoriums für gewählt.

Meine Herren, der 2. Punkt der Tagesordnung ist

„Wahl von Mitgliedern und deren Stellvertretern in den Ausschuß".

Zu unserem Bedauern ist Herr Bernhardi, Handelskammersyndikus von Marburg, gestorben, und es ist uns dadurch seine Mithilfe entzogen worden. Das Direktorium bezw. der Ausschuß schlägt Ihnen vor, an dessen Stelle zu wählen Herrn Dr. Lehmann aus Aachen.

Ferner ist Herr Dr. Rentzsch, Generalsekretär in Dresden-Blasewitz, aus seiner Tätigkeit ausgeschieden, und infolgedessen ist seine Stelle vakant geworden. Der Ausschuß war gestern der Meinung, daß wir ihn nun kooptieren sollten, und das ist gestern geschehen. Er wird jetzt unter den kooptierten Mitgliedern geführt. Aber die Stelle für Herrn Dr. Rentzsch als wirkliches Mitglied ist neu zu besetzen. Der Ausschuß schlägt Ihnen vor, Herrn Landrat Roetger, den Vorsitzenden des Direktoriums der Firma Krupp, hierfür zu wählen.

Herr Kommerzienrat Semlinger ist durch die eben getätigte Wahl aus dem Ausschuß ausgeschieden. Es schlägt Ihnen der Ausschuß vor, hierfür zu wählen Herrn Direktor Kögel aus München, beteiligt in der Firma des Herrn Ritter von Maffai. Also auch hier ist wieder die Gegend berücksichtigt worden.

Ferner ist ausgeschieden Herr Ottermann, Hüttendirektor in Dortmund. Es schlägt Ihnen der Ausschuß vor, an dessen Stelle zu wählen Herrn Rechtsanwalt Wandel in Essen.

Ich darf fragen, ob Sie gegen die Wahl der vom Ausschuß vorgeschlagenen vier Herren etwas zu erinnern haben. — Das ist nicht der Fall. Ich darf wohl ohne besondere Abstimmung Ihre Zustimmung zu der Wahl dieser vier Herren annehmen und erkläre sie für in den Ausschuß gewählt.

Meine Herren, wir kommen zum Punkt 3 der Tagesordnung:

„Bericht des Geschäftsführers".

Ich darf Herrn Generalsekretär Bueck bitten, das Wort zu nehmen.

Berichterstatter Generalsekretär **Bueck**-Berlin: Meine Herren, es sind ziemlich genau 13 Monate verstrichen, seit die letzte Delegiertenversammlung des Centralverbandes stattgefunden hat. Die Zwischenzeit würde zu mancherlei Betrachtungen wirtschaftlicher und sozialpolitischer Art Veranlassung geben. Aber, meine Herren, mit Rücksicht auf die bedeutungsvollen Gegenstände der Tagesordnung und den Umstand, daß sie wohl voraussichtlich umfassendere Verhandlungen erfordern werden, habe ich der Versuchung widerstanden, der alten Gewohnheit folgend, einen umfassenden Bericht zu erstatten. Ich hoffe bestimmt, daß, wenn ich es noch erlebe, ich die Freude haben werde, Sie bei einer Delegiertenversammlung im Herbst begrüßen zu können, und ich werde dann das nachholen, was heute nicht geschehen kann.

Ich werde mir daher nur erlauben, bezüglich einiger besonders hervortretender Gesichtspunkte einige Betrachtungen anzustellen.

Auf dem Gebiete der Handels- und Zollpolitik ist es seit einiger Zeit ziemlich still gewesen, obgleich unsere bedeutendsten Interessen sich auf dieses Gebiet konzentrieren. Der Zolltarif ist fertig; wir müssen mit ihm zufrieden sein. Jetzt handelt es sich um den Abschluß der Handelsverträge. Von unserer Regierung sind Verhandlungen zweimal zu verschiedenen Zeiten mit Rußland, mit der Schweiz, mit Italien geführt, mit Belgien sind sie im Gange. Ueber das Ergebnis dieser Verhandlungen herrscht Stillschweigen, und das Wenige, was man hier und da unter der Hand gehört hat, darf man nicht sagen. Es ist aber auch nicht viel. Die ganzen Verhältnisse geben zu Kombinationen Veranlassung, die aber jeder nach der Kenntnis der tatsächlichen Verhältnisse anstellen kann.

Daß der Abschluß der Handelsverträge nicht so leicht sein würde, konnten wir vorher sagen; denn, meine Herren, während alle anderen Länder ihre Tarife mit Bezug auf die Handelsverträge zum Teil außerordentlich erhöht haben, hatte der erste Entwurf unserer Regierung für die Beratung eines Zolltarifs bereits in einigen 80 Positionen die Tarife unter die Sätze des jetzt bestehenden Vertragstarifs gesetzt — zu welchem Zwecke, ist schwer einzusehen, wenn man die Absicht hat, Handelsgeschäfte mit dem Tarif zu treiben; denn etwas anderes ist der Abschluß von Handelsverträgen ja nicht. Die Regierung muß aber geglaubt haben, auf diese Weise ihre Ziele besser erreichen zu können, und wir können jetzt nicht mehr tun als abwarten, was sie uns bieten kann.

Meine Herren, Beunruhigung ist in neuerer Zeit über eine Rede eingetreten, die der Reichskanzler Graf **Bülow** am 11. Februar bei einem Festmahle des Deutschen Landwirtschaftsrats gehalten hat. Mit Bezug auf die ihm wahrscheinlich von der einen oder anderen Seite vorgetragene Beschwerde darüber, daß die Handelsverträge noch nicht in diesem Reichstage vorgelegt worden seien, verwies der Herr Reichskanzler auf die großen Schwierigkeiten, die mit dem Abschluß dieser Handelsverträge verbunden seien, suchte darauf nachzuweisen, daß eben in diesem Jahre die Vorlage noch nicht zu erwarten ist, und fuhr dann wörtlich fort:

> „Die Verbündeten Regierungen haben den ernsten Willen, den neuen Zolltarif so bald als möglich in Kraft treten zu lassen. Ich möchte vor allem unserer Landwirtschaft, so bald als irgend angängig, den stärkeren Zollschutz zu teil werden lassen, den ihr unser Zolltarif gewährt."

Aus diesen Worten hatten ziemlich weite Kreise unseres Handels geglaubt, die Befürchtung herleiten zu sollen, daß die Regierung beabsichtigen könnte, ziemlich plötzlich, unerwartet und unvermittelt den neuen Zolltarif einzuführen, was natürlich zu außerordentlichen Schädigungen des Handels und der Industrie führen würde.

Meine Herren, ich habe diese Befürchtung nicht geteilt, denn unmittelbar im Anschluß an jene Worte sagt der Herr Reichskanzler weiter:

„Andererseits sind die Verbündeten Regierungen der Ueberzeugung, daß die Kontinuität unserer handelspolitischen Beziehungen zum Auslande möglichst gewahrt werden muß, damit sich der Uebergang von den alten zu den neuen Verträgen glatt und ohne Erschütterung vollziehen kann."

Meine Herren, aus diesen Worten ist schon anzunehmen, daß ein solcher unvermittelter Uebergang von der Regierung unter keinen Umständen geplant und beabsichtigt sein kann. Die Regierung hat ja, wenn sie auch die Industrie bei der Aufstellung des Zolltarifs vielleicht nicht mit der gleichen Liebe und Sorgfalt wie andere Berufszweige behandelt hat, doch immer genügende Proben davon gegeben, daß sie bemüht ist, auch Handel und Industrie zu fördern. Es ist also nicht anzunehmen, daß sie der Industrie durch einen unvermittelten Uebergang Schädigungen bereiten wird. Ich habe mich daher nicht veranlaßt gesehen, beim Direktorium zu beantragen, daß in Bezug auf diese Aeußerung des Herrn Reichskanzlers eine Gegenäußerung des Centralverbandes erfolgen solle.

Meine Herren, die Wünsche und Anträge der Mitglieder des Centralverbandes für die neuen Handelsverträge sind in Bezug auf den Handelsvertrag mit Rußland, mit Italien, mit der Schweiz, mit Belgien und auch teilweise schon mit Oesterreich ausgearbeitet und den Verbündeten Regierungen unterbreitet worden. Sie scheinen recht erhebliche Beachtung gefunden zu haben, vielleicht deswegen, weil wir uns, wenn auch häufig mit mühevollen Rückfragen, bemüht haben, die Anträge auch so gut als möglich zu begründen, und weil wir unmögliche Anträge von vornherein nicht berücksichtigt haben. So konnten wir hoffen, der Regierung ein brauchbares Material zu unterbreiten. Unsere Eingaben — es ist eine ganze Reihe derselben — sind in größerer Anzahl von den Regierungen eingefordert. Es sind Fälle vorgekommen, daß die hiesigen Vertreter der Bundesstaaten von ihren Regierungen, denen die Eingaben zugesandt waren, besonders auf dieselben aufmerksam gemacht worden sind, und wie gesagt, meine Herren, ich darf annehmen, daß sie wenigstens Beachtung gefunden haben.

Ich kann hinzufügen, daß diese Arbeit eine sehr mühevolle und große gewesen ist, die uns das vergangene Jahr über in hohem Maße in Anspruch genommen hat.

Die handelspolitischen Bewegungen in England werden natürlich auch in Deutschland mit Spannung verfolgt. Der frühere Minister Chamberlain hat sich die Aufgabe gestellt, aus England und seinen Kolonien ein geschlossenes Handelsgebiet zu machen, auf der Grundlage gegenseitiger Begünstigung in der Weise, daß die englischen Erzeugnisse bezüglich der Verzollung in den Kolonien begünstigt werden und daß England anstrebt, eine solche Regelung seiner handelspolitischen Beziehungen herbeizuführen, daß es ihm möglich wird, die Ausfuhrartikel aus den Kolonien auch zu begünstigen. Da nun diese Ausfuhr in der Hauptsache aus Lebensmitteln und Rohmaterialien besteht, so kann das nicht anders geschehen, als daß in England selbst Zölle auf Rohmaterialien und Lebensmittel eingeführt werden. Das ist aber doch dem Anscheine nach eine außerordentlich große und schwierige Aufgabe, die sich Chamberlain gestellt hat. Denn, meine Herren, es ist eine Tatsache, daß der allergrößte Teil dieser Artikel nicht von dem künftigen Zollgebiete des englischen Kaiserreiches, sondern, wenn ich da die Bezeichnung „Ausland" gebrauchen darf, vom Auslande kommt. So beispielsweise für die hauptsächlichste Brotfrucht in England, Weizen, gibt das Land 800 Millionen Mark aus. Davon kommen aber 80 pCt. aus dem Ausland und nur 20 pCt. von den Kolonien. Von Gerste kommen 90—95 pCt. vom Ausland, der kleinere, übrige Teil von den Kolonien. Für Fleisch, Fleischwaren aller Art und lebende Tiere gibt England eine Milliarde aus. Davon kommen 77 pCt. aus dem Auslande. Für Butter gibt England aus 450 Millionen Mark, davon kommen 85 pCt. aus dem Ausland. Von Baumwolle, diesem wichtigen Rohmaterial, wofür England 900 Millionen Mark ausgibt, kommen 96 pCt. aus dem Ausland. Aber auch der ganze Außenhandel Englands — im abgelaufenen Jahre in Ein- und Ausfuhr mit 17 Milliarden — betrug mit den Kolonien nur 26,3 und mit dem Auslande 73 pCt.*) Also, meine Herren, der Handel mit dem Auslande hat für England eine ganz außerordentliche Bedeutung, sowohl in Bezug auf die Versorgung des Landes mit Lebensmitteln und Rohmaterialien wie überhaupt für seine ganzen Handelsinteressen. Ich glaube, es wird noch mancher Tropfen Wasser die Themse hinabfließen, ehe England in seiner Mehrheit zu der Ueberzeugung kommen wird, daß es angebracht sei, das Ausland schlechter zu behandeln als seine Kolonien.

Meine Herren, auf dem Gebiete des Verkehrswesens hat sich gerade gestern oder heute das große Ereignis vollzogen, daß die sog. wasserwirtschaftliche Vorlage beim Abgeordnetenhause eingegangen ist.

---

*) Diese Zahlen sind einem sehr instruktiven Artikel der „National-Zeitung" entnommen.

Sie besteht aus fünf getrennten Vorlagen und nimmt eine Summe von 700 Millionen in Anspruch. Ob sie den Interessen der Industrie schon jetzt große Freude bereiten wird, wird von vielen Leuten und auch von mir als zweifelhaft angesehen. In diesen Vorlagen bilden, wenn ich mich der Worte des früheren Herrn Staatsministers von Bötticher bedienen darf, diejenige Vorlagen, die sich auf die Vermeidung von Hochwasserschäden in Schlesien und im Odergebiet beziehen, die Rosinen, und, meine Herren, ich vermute und viele andere auch, man wird die Rosinen aus dem Kuchen herausnehmen, und die Industrie wird vielleicht noch recht lange auf ihre Kanäle, deren sie sehr dringend bedarf, warten können.

Meine Herren, noch eine Frage hat große Aufregung namentlich in den schiffahrttreibenden Kreisen erregt. Es ist die unverkennbare Absicht der Regierung, auf den natürlichen Wasserstraßen Schiffahrtsabgaben einzuführen. Wir haben uns auch flüchtig mit der Frage beschäftigt, die damals noch nicht brennend war, und es bestand damals wohl in allen diesen Kreisen die Absicht, unter jeden Umständen solche Abgaben abzuweisen. In dieser Beziehung haben sich doch die Ansichten einigermaßen geändert. Es soll sich um solche Abgaben handeln, die zur Deckung besonderer Aufwendungen für die Verbesserung der Flußschiffahrt im Sinne des § 54 der Deutschen Reichsverfassung liegen. Da heißt es:

„Auf allen natürlichen Wasserstraßen dürfen Abgaben nur für die Benutzung besonderer Anstalten, die zur Erleichterung des Verkehrs bestimmt sind, erhoben werden.“

Nun, meine Herren, wird der äußerste Widerspruch dagegen erhoben, daß für die gute Erhaltung der Fahrrinne, für das, was gewöhnlich aufgewendet wird, aber auch für das, was bisher für außerordentliche Verbesserungen aufgewendet wird, irgend welche Abgaben erhoben werden könnten. Denn was da aufgewendet ist, ist im allgemeinen Interesse und vorbehaltlos aufgewendet worden. Es sind Einrichtungen sowohl von Schiffahrttreibenden wie von den angrenzenden Kommunen getroffen worden in der Annahme und Voraussetzung, daß eben diese vorbehaltlose Aufwendung stattgefunden hat, und daher wird aufs entschiedenste dagegen Widerspruch erhoben, daß eine solche Abgabenerhöhung mit rückwirkender Kraft eingeführt werden könnte. Im übrigen müßte auch alles vermieden werden, was im Gegensatz steht zu dem eben verlesenen Paragraphen der Verfassung, und es ist Ihnen bekannt, daß für zwei unserer größten und bedeutendsten Ströme internationale Verträge bestehen, die sog. Schiffahrts-Akten, und die müssen ja erst aus der Welt geschafft werden, wenn Schiffahrtsabgaben anderer Art, als sie hier bezeichnet sind, eingeführt werden sollen.

Also das kann nicht von heute auf morgen geschehen. Aber in den Schiffahrtkreisen ist man doch zu der Ueberzeugung gekommen, die auch hier von den maßgebenden Parteien im Abgeordnetenhause, wenn ich nicht irre, geteilt wird, daß, wenn in Zukunft außerordentliche Aufwendungen erfolgen sollten, also beispielsweise wenn es sich um eine Vertiefung der Fahrrinne von Köln nach der holländischen Grenze um ½ m handeln sollte — eine außerordentliche große Aufgabe, die zur Verbesserung der Schiffahrt erforderlich wäre — dann natürlich wohl eine Schiffahrtabgabe für diejenigen, die diese tiefe Fahrrinne benutzen, eingeführt werden könnte. Natürlich müßte eine Verständigung mit den betreffenden Interessenten vorhergehen, und wenn diese die Abgabe nicht tragen wollen, dann würde eben die Verbesserung unterbleiben. Es ist dies gewissermaßen ein Kompromiß, dem sich auch wenigstens ein Teil der Abgeordneten aus dem Rheingebiet angeschlossen hat, ein Kompromiß, das vielleicht dazu beitragen könnte, eine günstigere Behandlung der wasserwirtschaftlichen Vorlagen herbeizuführen.

Auf dem Gebiete des Eisenbahntarifwesens haben sich eingehende Verhandlungen bewegt, die im Abgeordnetenhause geführt sind, und der Abg. Dr. Friedberg von der nationalliberalen Partei und der Abg. Frhr. v. Zedlitz von den Freikonservativen haben einen Antrag gestellt, der abgesehen von dem Verlangen des weiteren Ausbaus des Eisenbahnnetzes das unbedingte Verlangen stellt, daß die Tarife für Massengüter ermäßigt werden.

Nun, meine Herren, das ist eine Forderung, die seit langen Jahren von uns gestellt worden ist und die von Tag zu Tag deswegen größere Bedeutung erlangt, weil unser Absatz im internationalen Verkehr auf dem Weltmarkte von Jahr zu Jahr sich nach meiner Ueberzeugung immer schwieriger gestalten wird. Um diesen Kampf siegreich zu bestehen, ist das einzige Mittel die Herabsetzung der Selbstkosten.

Nun, meine Herren, die einzelnen Posten, aus denen die Selbstkosten bestehen, darf ich Ihnen nicht vorführen, aber Sie werden mir vielleicht recht geben, daß die Arbeitslöhne der einzige Posten von Bedeutung unter den Selbstkosten sind, auf den der Arbeitgeber einen maßgebenden Einfluß ausüben kann. Wenn durch die Unmöglichkeit bei der bestehenden Höhe der Selbstkosten die Erzeugnisse auf dem Weltmarkt abzusetzen, die Frage brennend wird, entweder die Produktion aufzugeben oder die Selbstkosten zu mäßigen, dann wird dem Arbeitgeber nichts anderes übrig bleiben, als die Löhne zu drücken, und hier sehen Sie den Zusammenhang zwischen einer loyalen handels- und industriefreundlichen Eisenbahntarifpolitik und der sozialen Frage, der hier ganz eklatant in die Erscheinung tritt.

Meine Herren, auf dem Gebiete der Verwertung unserer Erzeugnisse bewegt sich unser Syndikats- und Kartellwesen. Es ist Ihnen bekannt, daß namentlich die linksliberalen Parteien, die in dieser Beziehung Schulter an Schulter mit den Agrariern gehen, das industrielle Kartellwesen außerordentlich angefeindet haben, so daß die Regierung sich veranlaßt sah, zur Beruhigung der erregten Gemüter eine Enquete zu veranstalten. Aus dieser Enquete ist vor allen Dingen das Kohlensyndikat glänzend hervorgegangen. Alle Angriffe gegen dasselbe sind abgeprallt. Es steht in seinen ganzen Manipulationen, namentlich in seiner Preispolitik vollständig gerechtfertigt da. Es ist überall anerkannt worden, daß die Leitung eine ungemein weitsichtige, vorsichtige und den Aufgaben, die sie sich gestellt hat, entsprechende ist. Es ist in weiten Kreisen anerkannt worden, daß heute das Kohlensyndikat der feste Pol für die gesamte Industrie geworden ist, daß es zu große Schwankungen vermeidet und auch in den letzten Jahren wesentlich dazu beigetragen hat, daß die Krisis nicht einen zu verhängnisvollen Verlauf genommen hat, wie es vielleicht geschehen wäre, wenn das Kohlensyndikat nicht bestanden hätte.

Gegen die Geschäftsführung des Kokssyndikats waren s. Zt. von den betreffenden Industrien Klagen erhoben worden, die sich in den Enqueteverhandlungen nur als teilweise berechtigt erwiesen haben. Man kann daher sagen, daß auch das Kokssyndikat bei der Enquete noch gut abgeschnitten hatte. Weniger günstig für die Beteiligten verlief die Enquete über das Roheisensyndikat und die Syndikate der Halbfabrikate und des Halbzeuges.

Meine Herren, es hat sich dabei ergeben, daß diejenigen Syndikate, die in möglichst vollkommener Form geschlossen worden sind, gut gearbeitet haben, und diejenigen, die eine mangelhafte Organisation gehabt haben, schlechter gearbeitet haben, daß bei diesen Mißstände vorgekommen sind, die zu ziemlich berechtigten Klagen Veranlassung gegeben haben.

Bei Eröffnung der Enquete über das Roheisensyndikat erklärte der Vertreter des Syndikats von vornherein, es sind Fehler gemacht worden, es sind Mißstände vorgekommen; sie rühren davon her, daß wir unvollkommen organisiert waren, und wir sind nun bestrebt, unsere Organisation zu verbessern.

Meine Herren, ich habe immer die Empfindung gehabt, daß an dieser Erklärung die in der Enquete anwesenden Gegner dieser Syndikate, die, wie ich zugebe, auch manche berechtigte Ursache zur Beschwerde hatten, sich hätten genügen lassen können. Es hat einen traurigen Eindruck gemacht, daß, wenn ich mich so vulgär ausdrücken darf, die Wäsche der Industrie zum Gaudium unserer Gegner vor ihren Augen und Ohren gewaschen wurde. Es hätte sich ein anderer Weg zum Ausgleich auch finden können. Ganz besonders habe ich es bedauert, daß Industrielle, die bisher an der Schutzzollpolitik festgehalten haben, wegen ihres Aergers gegen das Syndikat dort vor dem Sozialdemokraten Molkenbuhr und vor dem Führer der bedingungslosen Freihandelspartei, Herrn Bergrat Abg. Gothein, sogar die Schutzzölle preiszugeben bereit waren. Es hat das keinen angenehmen Eindruck gemacht.

Meine Herren, die neueste große Erscheinung auf diesem Gebiete ist der Stahlwerkverband. Er wird hoffentlich unserer gesamten Eisen- und Stahlindustrie zum Segen gereichen. Von seiner großen Bedeutung erhoffe ich aber auch noch eine andere Wirkung, und zwar die, daß er, wie es ja schon in den Vereinigten Staaten vielfach der Fall ist, im stande sein wird, durch Teilung der Arbeit einen wirklichen, maßgebenden Einfluß auf die Ermäßigung der Selbstkosten auszuüben. Er wird es aber erst können, wenn er so gefestigt ist, wie jetzt das Kohlensyndikat feststeht.

Meine Herren, in Bezug auf das Kohlensyndikat möchte ich mir erlauben, noch eine Angelegenheit zu besprechen, die jetzt im Vordergrunde der öffentlichen Diskussion steht und die öffentliche Meinung im hohen Grade erregt, die an allen Biertischen erörtert wird — ja, meine Herren, der Kladderadatsch hat sich schon veranlaßt gesehen, ein im hohen Grade gehässiges Gedicht auf die im Syndikat vereinigte Kohlenindustrie zu bringen.

Meine Herren, es vollzieht sich in dem westlichen Kohlengebiet der Uebergang einer Reihe von Zechen an große Unternehmungen. Diese Zechen werden, wenn nicht gleich, so doch in verhältnismäßig kurzer Zeit außer Betrieb gesetzt werden, und durch eine sehr geschickt geleitete, aber in ihren Zielen vollständig klar erkennbare Agitation wird die Befürchtung allgemein verbreitet, daß die Arbeiter auf diesen Zechen jetzt brotlos werden, was insofern noch von ganz besonders schlimmer Bedeutung sein würde, als gerade ein Teil dieser Arbeiter angesessen ist auf ihren Grundstücken, in ihren eigenen Häusern lebt und infolgedessen den festesten Stamm gegen die Sozialdemokratie bildet.

Meine Herren, es handelt sich hier um einzelne Zechen im südlichen Bezirk des Kohlenreviers, von dem der rheinisch-westfälische Kohlenbergbau ausgegangen ist. Diese Zechen sind ganz oder zum

Teil abgebaut. Kohle und Erz haben einmal die Eigentümlichkeit, daß sie nicht nachwachsen; die Masse ergänzt sich nicht, die fortgenommen ist.

Während der schlechten Zeiten vor der Bildung des Kohlensyndikats war ein Teil dieser Zechen schon zum Erliegen gekommen, ein anderer Teil konnte sich noch halten, freilich sehr vielfach mit Zubußen, und weil in diesem südlichen Bezirk des Kohlenreviers noch die Löhne um einen nicht ganz unerheblichen Prozentsatz niedriger waren als in dem anderen großen nördlichen Bezirk. Die niedrigeren Löhne mögen mit dem Umstande zusammengehangen haben, daß eben ein großer Teil der Arbeiter fest in seinem Eigentum saß, nicht wegziehen wollte. Das Herumlaufen der Arbeiter von der einen Zeche in die andere war damit eigentlich nicht gegeben, und das — ich will es nicht behaupten — mag eine der Ursachen gewesen sein, daß in diesem Bezirk gerade die Löhne immer niedriger standen als in dem anderen, und daß dadurch den Zechen die Möglichkeit gegeben war, sich doch noch über Wasser zu halten.

Mit dem Eintritt des Kohlensyndikats, das ja, wie ich bemerkt habe, eine sehr weitsichtige und verständige Preispolitik trieb, aber doch dafür sorgte, daß der Kohlenbergbau durch angemessene Preise rentabel wurde, kam dieser Vorteil auch diesen Zechen zu gute, so daß sie bald alle wieder in Betrieb gesetzt wurden. Aber, meine Herren, das Kohlensyndikat hatte noch eine andere Wirkung, die in sozialpolitischer Hinsicht sehr zu preisen und zu begrüßen ist. Unter der Herrschaft des Syndikats sind die Löhne für die Bergarbeiter im allgemeinen außerordentlich gestiegen bis zum Jahre 1900. Da trat mit dem ganzen Rückgang der Verhältnisse ein kleiner Rückgang auch in den Löhnen ein, der aber jetzt schon wieder annähernd eingeholt ist. Die Löhne bewegen sich jetzt so ziemlich auf derselben Höhe, wie sie 1900 gestanden haben. Aber die Löhne wurden im ganzen Revier gleichmäßig erhöht; der billigere Lohn für diese südlichen Zechen war in Wegfall gekommen. Dazu kam nun noch, daß die Königlichen Bergbehörden, wahrscheinlich im Hinblick auf die im allgemeinen durch das Syndikat geschaffene bessere, günstigere, ja sehr gute Situation im Kohlenbergbau, mit ungeheuren Anforderungen in Bezug auf die Sicherheit von Leben und Gesundheit der Arbeiter an die Zechen herantraten. Es sind ganz außerordentlich große Kapitalien verlangt worden, die von den Zechen in dieser Beziehung aufgewandt werden mußten. Diese großen Anforderungen in Verbindung mit den höheren Löhnen haben nun wieder bewirkt, daß jene zum Teil abgebauten und dem Erliegen schon verfallenen Zechen nur mit sehr großen Kosten arbeiten konnten.

Eine Möglichkeit wäre freilich gegeben, die ganze Kalamität zu überwinden und diese Zechen auch weiter rentabel zu machen, nämlich wenn das Kohlensyndikat die Preise wesentlich erhöhte. Das konnte aber nicht geschehen für einen Bezirk oder für einzelne Zechen, das könnte das Kohlensyndikat nur im ganzen tun, und da möchte ich fragen, meine Herren, wo der volkswirtschaftliche größere Nachteil zu erblicken sein würde: in allgemeinen wesentlich höheren Kohlenpreisen, oder wenn dort einige schwache Unternehmungen zum Erliegen kommen, wobei freilich die Arbeiter darauf angewiesen sein werden, sich eine andere Beschäftigung zu suchen.

Ich glaube, meine Herren, man muß mit dieser Tatsache rechnen.

Nun haben aber diese Gruben doch trotz ihres notorischen Verfalles einen Wert, und dieser Wert besteht in ihrem Kontingent, in ihrer Anteilziffer an dem Syndikat. Dieser Wert kann ihnen nicht genommen werden, und die jetzigen Besitzer benutzen den durch das Syndikat ihrem Unternehmen zugefallenen Wert, um es zu diesem Werte zu verkaufen. Die großen Zechen, die diese Gruben kaufen, kaufen sie nur im Hinblick auf dieses Kontingent, das sie sich dann zuschlagen.

Das ist ein volkswirtschaftlicher Vorgang, der nicht zu hindern ist. Das sind solche Vorgänge, die, früher noch nicht in Verbindung mit dem Syndikat, in dem südlichen Kohlenrevier sich seit längerer Zeit abgespielt haben, denn, meine Herren, es würde leicht sein, Ihnen eine Liste von etwa 30 Zechen vorzulegen, die im Laufe der Zeit in jenem Revier abgebaut und eingegangen sind. Damals hat niemand sich darum gekümmert, was aus den Arbeitern werde; denn man hat sich sagen müssen, daß, wenn keine Kohlen mehr im Bergwerk sind, auch keine herausgeschafft werden können. Die Arbeiter mußten sich eben nach anderer Beschäftigung umsehen. Jetzt aber wird mit ganz bestimmtem Zweck diese Angelegenheit agitatorisch ausgenutzt.

Aber, meine Herren, es ist gar nicht notwendig, daß diese Arbeiter ihre Arbeit verlieren. Es sind die verschiedensten Vorschläge gemacht worden, um zu verhindern, daß das Eigentum dieser Arbeiter entwertet wird. Auch die Gemeinden sollen dadurch große Verluste erleiden, daß alle die Geschäfte, die auf den Absatz an die Arbeiterbevölkerung begründet sind, zu Grunde gehen, daß der Grund und Boden der ganzen Gemeinden, in denen sich diese Industrie früher erhalten hat, doch jedenfalls an Wert verlieren wird. Man hat vorgeschlagen, einmal die Zechen auf Grund des Berggesetzes zum weiteren Betrieb zu zwingen. Das ist eine unmögliche Sache. Man hat Entschädigungen vorgeschlagen. Die zu normieren und für den einzelnen festzusetzen, ist auch undurchführbar. Meine Herren, einen anderen praktischen Vorschlag gemacht zu haben, der aber auch ganz sicher zur Lösung dieser Frage führen kann, ist das Verdienst des Herrn Bergmeisters Engel, des Geschäftsführers des bergbaulichen Vereins im Oberbergamtsrevier Dortmund. Meine Herren, Bergmeister Engel schlägt vor, die Verkehrsmittel zu verbessern, so daß jene Arbeiter in die nördlichen Zechen fahren und dort ihre Arbeit verrichten können, namentlich daß das Straßenbahnnetz so ausgebreitet und ihr Betrieb so eingerichtet werde, daß die Arbeiter zu der Schicht hinfahren und nach der Schicht wieder nach Hause fahren können.

Meine Herren, es handelt sich um Entfernungen, wenn ich mich nicht irre — Herr Geheimrat Kirdorf wird mich ja korrigieren können — von höchstens 8—10 km. Solche Entfernungen werden vielfach im Deutschen Reich von den Arbeitern bis zur Arbeitsstelle zurückgelegt. Denken Sie hier an die Vororte, da legen die Arbeiter noch weitere Entfernungen zurück, um an ihre Arbeitsstätte zu gelangen. Wenn solche besseren Verkehrseinrichtungen getroffen werden — und das kann geschehen, wenn Staat, Kommunen und die Zechen selbst, die jedenfalls dabei nicht zurückstehen werden, sich zusammentun — dann wird diese ganze Kalamität auf dem natürlichsten Wege aus der Welt geschafft werden. Die Bergleute können auf ihren Kotten sitzen und können im nördlichen Revier die Polen ersetzen, die doch eine Last nicht nur für die Zechen, sondern für die dortige Gegend sind.

Meine Herren, das ist der Sachverhalt, den ich glaube ziemlich richtig dargestellt zu haben. Sie werden daraus erkennen, daß diese ganze Agitation eine Aufbauschung der Frage ist, eine Aufbauschung, die öffentliche Meinung für die Arbeiter zu kaptivieren für Ereignisse, die noch kommen können und wahrscheinlich kommen werden.

Ich habe mir erlaubt, das hier ziemlich ausführlich darzulegen, weil ich die Bitte an Sie richten möchte, wo Sie hinkommen und diese Angelegenheit in dem Sinne gegen das Kohlensyndikat und die Kohlenindustrie besprechen hören, dafür einzutreten und den Sachverhalt darzulegen.

Meine Herren, damit bin ich gewissermaßen zur sozialpolitischen Frage gelangt, die mich nicht viel weiter beschäftigen wird, denn die eben erörterte Frage hat mich zu sehr schon in Anspruch genommen.

Meine Herren, der große Wahlerfolg der Sozialdemokratie ist Ihnen ja bekannt. Es gibt freilich schon Führer der Sozialdemokratie selbst, die behaupten, die drei Millionen Stimmen sind noch lange nicht drei Millionen überzeugte Sozialdemokraten, aber immerhin kamen auf den ersten Anhieb 82 Sozialdemokraten in den Reichstag, und diese

Masse scheint so bestrickend oder erschütternd auf die anderen Parteien gewirkt zu haben, daß der Wettlauf mit sozialpolitischen Anträgen, den wir in jedem Jahre zu beobachten haben, in diesem Jahre noch in viel erhöhterem Maße stattgefunden hat. Es sind aber, meine Herren, eine Reihe von Anträgen, die eine ganz entschiedene Gefahr mit sich bringen, namentlich wenn wir die Haltung der Regierung zu denselben in Betracht ziehen.

Es ist der zehnstündige Arbeitstag für Frauen über 16 Jahre verlangt worden. Meine Herren, diese Arbeitszeit ist eine Frage, die ja jetzt in neuerer Zeit vielfach erörtert ist; man verlangt mit Entschiedenheit die Einführung dieses zehnstündigen Arbeitstages für Frauen, was natürlich für alle gemischten Betriebe — ich meine gemischt in der Weise, daß Männer und Frauen zusammen arbeiten — überhaupt die Einführung des zehnstündigen Arbeitstages bedeuten würde. Nun ist es ja eine Tatsache, daß eine Reihe von Betrieben diese zehnstündige Arbeitszeit schon eingeführt hat, im allgemeinen ist es aber nicht der Fall, es wird noch etwas länger gearbeitet. Aber der Umstand, daß schon der zehnstündige Arbeitstag eingeführt ist, spricht doch dafür, daß die Entwickelung dahin kommt, und, meine Herren, wenn wir einen Blick zurückwerfen, so hat sich diese Entwickelung ganz von selbst vollzogen.

Meine Herren, als ich die Ehre hatte, in Rheinland und Westfalen mit der Vertretung der gewerblichen Interessen, der Industrie betraut zu werden — das war im Jahre 1873 — da wurden in der Textilindustrie noch bis zu 17*) Stunden gearbeitet. Das werden Sie mit Erstaunen hören und es mißbilligen. Ich kann mich dieser Mißbilligung nicht anschließen. Meine Herren, als die Industrie sich bei uns entwickelte, da hatte sie nicht nur auf unseren einheimischen Märkten, sondern auf dem Weltmarkt sich den Absatz zu erzwingen gegen viel vorgeschrittenere, weiter entwickelte Industrien. Hier war der Industrielle selbst, es waren vor allem die Arbeiter noch nicht eingeübt. Die Produktion konnte nicht in der Weise lohnend betrieben werden, wie sie bei den Industrien in Lancashire und den anderen alten jetzt schon fast 200 Jahre alten Industrien betrieben wurde, die noch ungenügende Entwickelung unserer Industrie mußte ausgeglichen werden durch lange Arbeitszeit, und nur durch diese lange Arbeitszeit ist es der Industrie gelungen, endlich den Wettbewerb aufzunehmen. Aber wir sehen, daß je mehr unsere Industrie in ihrer Entwickelung fortschreitet, desto mehr die Arbeitszeiten von selbst verkürzt

---

*) Irrtümlich; tatsächlich wurde aber damals noch bis zu 14 und 15 Stunden gearbeitet. D. H.

worden sind, so daß heute kaum in irgend einem industriellen Betrieb noch über 11 Stunden gearbeitet wird. Arbeitszeiten von 10 Stunden und darunter kommen schon vor.

Hiermit will ich nur bewiesen haben, daß die natürliche Entwickelung der Dinge auch eine Verkürzung der Arbeitszeit bewirkt. Wir brauchen nicht gesetzliche Regelung in dieser Beziehung, wir brauchen nicht eine Knebelung der Industrie, daß, wenn einmal Zeiten kommen, wo etwas länger gearbeitet werden muß, sie durch ein Gesetz und ein Blatt Papier daran verhindert wird.

(Sehr wahr!)

Ein anderes Bestreben ist, die Bedingungen für die Beschäftigung jugendlicher Arbeiter in Geltung zu setzen für solche bis zum 18. Lebensjahre, anstatt, wie jetzt bis zum 16. Jahre. Meine Herren, Ihnen als Industriellen darf ich nicht sagen, welche kolossalen Nachteile das viel weniger für die Industrie als für die Arbeiter selbst und deren Familien bringen würde. Ich werde das hier nicht weiter ausführen.

Nun kommen zwei Punkte, die im höchsten Maße ernst sind: die Bildung von Arbeitervertretungskörperschaften und die Rechtsfähigkeit von Berufsvereinen. Meine Herren, dazu hat sich der Herr Graf Posadowsky in einer Rede, die er am 30. Januar dieses Jahres gehalten hat, wie folgt geäußert:

„Ich habe namens der Verbündeten Regierung folgende Erklärung abgegeben. Die Verbündeten Regierungen sind grundsätzlich nicht abgeneigt, die Rechtsfähigkeit der Berufsvereine der unter die Gewerbeordnung fallenden Arbeiter und Arbeiterinnen anzuerkennen und diese Berufsvereine somit als juristische Personen auszugestalten mit allen Rechten und Pflichten, welche solche Körperschaften zu haben pflegen. Die Verbündeten Regierungen gehen aber hierbei, um zu einer Einigung im Bundesrat zu gelangen, von der Auffassung aus, daß eine derartige Gesetzgebung die Arbeiter in den Reichs- und Staatsbetrieben und gewissen öffentlichen Anlagen, welche dringende und wichtige Aufgaben für die Allgemeinheit zu erfüllen haben, nicht einzubegreifen hat. Die Verbündeten Regierungen gehen ferner von der Auffassung aus, daß bei einer derartigen gesetzlichen Regelung ausreichende Fürsorge zu treffen ist, daß auch die Minderheiten genügend geschützt sind, und daß die anerkannten Berufsvereine, welche lediglich die wirtschaftlichen Interessen der Arbeiter vertreten sollen, sich von dieser gesetzlichen und eventuell statutarischen Grundlage nicht entfernen dürfen.

Was die Schaffung einer Arbeitervertretung anbetrifft, so ist besonders in den Verhandlungen des Reichstages vom 16. Januar 1901 ausgeführt, daß man die betreffenden Bestimmungen des Gewerbegerichtsgesetzes erweitern müsse, um den Arbeitern Gelegenheit zu geben, im Sinne der Kaiserlichen Botschaft vom 4. Februar 1890 in friedlicher Weise ihre Wünsche und Interessen sowohl gegenüber den Arbeitgebern wie gegenüber den Behörden zu vertreten. Entsprechend den in der genannten Reichstagsverhandlung ausgesprochenen Wünschen hat demgemäß der § 75 Absatz 2 des Gewerbegerichtsgesetzes die Fassung erhalten:

> Das Gewerbegericht ist berechtigt, in gewerblichen Fragen Anträge an Behörden, an Vertretungen von Kommunalbehörden und gesetzgebende Körperschaften der Bundesstaaten oder des Reiches zu richten.

Damit war bereits ein grundlegender Schritt geschehen zur Bildung von Arbeitervertretungen, welche in der Allerhöchsten Botschaft vom 4. Februar 1890 verhießen sind. Die Verbündeten Regierungen sind bereit, auf dieser Grundlage Arbeitervertretungen weiter auszubauen, welche dem allgemeinen Grundsatz des genannten Allerhöchsten Erlasses entsprechen.

(Bravo!)

Was schließlich die Frage der Errichtung eines eigenen Reichsarbeitsamtes betrifft, so kann es sich nur darum handeln, die arbeitsstatistische Abteilung des Statistischen Amtes des Reichs in gleicher Weise zu einer unter dem Reichsamt des Innern stehenden selbständigen Behörde auszubilden, wie etwa die biologische Abteilung abgegrenzt und selbständig gemacht werden soll gegenüber dem Reichsgesundheitsamt. Ob und wann ein derartiger Weg zu beschreiten ist, wird von den Verhandlungen über den Voranschlag der künftigen Jahre abhängen.

(Bravo!)

Sie sehen, meine Herren, daß die Regierung sich diesen Forderungen der Sozialdemokratie und ihrer Gönner sehr freundlich zuwendet. Wenn wir sehen, welche Macht heute schon in den Arbeiterorganisationen steckt — wir werden uns ja vielleicht heute noch damit zu beschäftigen haben — so müssen wir es lebhaft bedauern, daß dieselben durch die Gesetzgebung und durch unsere Regierung noch weiter gestärkt werden sollen. Meine Herren, die Haltung der Regierung ist mir überhaupt ein unverständliches Problem. Augenscheinlich unter der Führung des Herrn Reichskanzlers tritt der Herr Graf Posadowsky, der Staatssekretär des Innern, diesen sozialdemokratischen

Bestrebungen sehr entgegenkommend und sehr freundlich gegenüber. Unter der Einwirkung der leitenden Stelle ist es wahrscheinlich geschehen, daß Herr Graf Posadowsky seinerzeit die Sozialdemokratie als die berechtigten Vertreter der Arbeiterschaft anerkannt hat.

Meine Herren, auf der anderen Seite sehen wir Mitglieder der Regierung, die freilich den Vorzug, den Vorteil haben, in praktischer Tätigkeit mit den Arbeitern in Berührung zu kommen, wir sehen, daß der Minister der öffentlichen Arbeiten, der Staatssekretär des Reichspostamtes äußerst entschieden, namentlich der erstere, gegen die Sozialdemokratie vorgeht. Der Herr Staatsminister Budde duldet keinen Sozialdemokraten in seinem Betriebe, sie werden erbarmungslos hinausgebracht, wenn sie sich als Sozialdemokraten betätigen.

Ich kann diesen Zwiespalt nicht verstehen. Diese ganze Haltung kann nur dazu beitragen, die Sozialdemokratie zu fördern, denn die Sozialdemokraten sehen, daß eine Einheit in der Regierung nicht vorhanden ist. Mir kommt es manchmal so vor, als wenn man auf dem Vulkan tanzend die Gefahr nicht erkennen will, die doch im vorigen Jahre namentlich durch die Verhandlungen auf dem Parteitage in Dresden so klar zu Tage getreten ist.

Meine Herren, mir kam bei der Beschäftigung mit diesen Dingen zufällig eine Rede des Herrn Reichskanzlers unter die Hände, wo er sich im vorigen Jahre, freilich, wie er sagte, im Auftrage Seiner Majestät des Kaisers, für die Gleichberechtigung der Arbeiter ausspricht. Das ist ein Schlagwort, das wird uns stets entgegengehalten. Wenn uns nur einer dieser Herren sagen möchte, was er unter dieser Gleichberechtigung versteht. Wenn der Herr Reichskanzler vielleicht die Güte hätte, uns zu sagen, wie er die Gleichberechtigung zwischen sich und seinem Stallknecht gestaltet hat, ich glaube, dann würden wir zu einer gewissen Verständigung kommen; jetzt ist mir aber dieses Verlangen unverständlich.

Meine Herren, ich kann mich zum Schluß nur den Worten anschließen, die unser Herr Vorsitzender in Bezug auf die Haltung des Centralverbandes in sozialpolitischen Fragen bei der Eröffnung der Versammlung an Sie gerichtet hat. Der Centralverband ist seit langer Zeit fast allein diejenige Stelle im Deutschen Reiche, die den Kampf gegen die Sozialdemokratie mit unwandelbarer Energie geführt hat, zu dem Zweck, die Stellung des Arbeitgebers zu erhalten dem ganzen Ansturm der Arbeiter gegenüber. Dieses Ziel hat der Centralverband verfolgt und wird es verfolgen. Leider, meine Herren, glaube ich wahrgenommen zu haben, daß dieses Streben von einigen unserer Mitglieder nicht anerkannt wird, daß sie sich uns bei unseren neueren auf die Organisation der Arbeitgeber gerichteten Bestrebungen nicht so anschließen, wie es vielleicht nach der Tätigkeit des Centralverbandes und nach den Bemühungen des Direktoriums zu erwarten gewesen wäre. Aber, meine Herren, ich bin überzeugt, daß das Direktorium nach wie vor diese Richtung verfolgen wird und daß es dadurch im Sinne des übergroßen Teiles der Mitglieder des Centralverbandes handeln wird.

(Lebhafter Beifall.)

Vorsitzender: Meine Herren! Ich eröffne die Diskussion über den Vortrag des Herrn Geschäftsführers und bitte, sich zum Wort zu melden.

Langen-M.-Gladbach: Ich möchte eins nicht unwidersprochen lassen, was der Herr Vortragende gesagt hat, nämlich, daß im Jahre 1873 in der rheinisch-westfälischen Textilindustrie die Arbeitszeit 17 Stunden gewesen sei. Ich glaube, daß der Herr Generalsekretär Bueck sich versprochen hat. Die Arbeitszeit in den Webereien hat damals 11—12, in den Spinnereien 12—13 Stunden betragen, und, wenn ich nicht irre, ist sie es Ende der 70er Jahre gewesen, daß die Spinnereien sich auf die zwölfstündige Arbeitszeit allgemein vereinigt haben.

Vorsitzender: Meine Herren! Das Wort wird weiter nicht gewünscht. Ich könnte danach die Diskussion schließen.

Meine Herren! Ich habe noch dem Geschäftsbericht etwas nachzutragen.

Wie Sie aus den Satzungen erkennen, ist der Ausschuß berechtigt, durch Kooptation hervorragender Kräfte aus dem Gebiete der Volkswirtschaft und Technik sich zu ergänzen. Von diesem Recht hat der Ausschuß gestern Gebrauch gemacht und hat sich ergänzt durch die Herren Kommerzienrat Butz-Augsburg, Ministerialdirektor Höter, Mitglied der Direktion der Diskontogesellschaft, Direktor Fuchs von der norddeutschen Wagenbauvereinigung, Bergmeister Engel aus Essen, Dr. Rentzsch — das habe ich Ihnen schon vorhin mitgeteilt — und Generaldirektor Weinlig von der Dillinger Hütte.

Meine Herren, es hat Herr Kommerzienrat Semlinger gebeten, ihm das Wort zu erteilen, bevor wir zur weiteren Tagesordnung übergehen.

Kommerzienrat **Semlinger**-Bamberg: Ich wollte mir erlauben, zu bemerken, daß ich die Wahl in das Direktorium mit verbindlichstem Dank annehme, daß ich aber voraussetze, daß das mehr dem Verein süddeutscher Baumwollen-Industriellen gilt, dem ich angehöre und dem dadurch Gelegenheit geboten ist, in dem Direktorium des Centralverbandes eine Stimme zu behalten. Ich danke verbindlichst.

Vorsitzender: Ich möchte die letzten Ausführungen doch nicht als ganz zutreffend bezeichnen. Es gilt nicht nur dem Verein der Baumwollindustriellen, sondern Herrn Kommerzienrat Semlinger selbst.

(Kommerzienrat Semlinger: Sehr gütig!)

Meine Herren, wir gehen nun über zu dem folgenden Punkt der Tagesordnung:

Die Errichtung der Hauptstelle Deutscher Arbeitgeberverbände.

Ich gebe das Wort zum einleitenden Referat Herrn Generalsekretär Bueck.

Berichterstatter Generalsekretär **Bueck**-Berlin: Meine Herren, wenn die Verhandlungen der letzten Ausschußsitzung gedruckt worden wären, dann könnte mein Referat ganz wegfallen. Ich glaube aber, daß eine Verpflichtung vorliegt, denjenigen Herren gegenüber, die die vorige Ausschußsitzung nicht besucht haben, Rechenschaft abzulegen von der Hilfsaktion, die der Centralverband eingeleitet hat, für die von dem schweren Streik betroffenen Arbeitgeber in Krimmitschau.

Meine Herren, nachdem der von mir ja auch schon vorhin erwähnte große politische Sieg der Sozialdemokratie eingetreten war, hatte sie wohl das Bedürfnis empfunden, auch auf wirtschaftlichem Gebiete sich siegreich zu betätigen. Sie suchte nach einem Platze, um eine Machtfrage zur Entscheidung zu bringen. Sie holte sich von den Arbeitern in Forst und Neumünster einen Korb, da hatten schon Ausstände stattgefunden, und bekanntermaßen scheuen gebrannte Kinder das Feuer. Dann ging sie nach Krimmitschau und fand dort bei den Arbeitern Gegenliebe.

Diese Bereitwilligkeit der Arbeiter ist auf mehrere Umstände zurückzuführen. Krimmitschau ist ein nicht großer und im ganzen, wenn man sich so ausdrücken darf, schwacher Industrieplatz. Es bestehen da 83 Betriebe, die im ganzen rund 8000 Arbeiter beschäftigen. Also daraus geht schon hervor, daß es in der Mehrzahl kleine Betriebe sein müssen, und in der Tat gibt es dort nur 32 Betriebe, die über 100 Arbeiter zählen.

Die Industrie ist geteilt. Sie besteht aus Wollweberei und Vigogne-Spinnerei. Die Wollweberei stellt in der Hauptsache glatte Buckskins her. Aber die Mode ändert sich und sie mußte in den letzten Jahren des vorigen Jahrhunderts auch zur Herstellung von Kammgarnstoffen übergehen. Jede Aenderung des Betriebes ist aber mit Schwierigkeiten und Geldopfern verbunden.

Für die Vigogne-Industrie war seit dem Jahre 1897 eine schwere Krisis eingetreten. Krimmitschau und Umgegend, Werdau und die anderen Plätze bilden das Zentrum dieser Industrie, und es ist mir von glaubwürdiger Seite gesagt worden, daß ungefähr 30 Firmen der Vigogne-Spinnerei in dem Zeitraum seit 1897 ihr ganzes Vermögen in dieser Industrie verloren haben.

Der Platz war also ein schwacher. Andererseits war er schon seit langer Zeit als der Centralpunkt der sächsischen Sozialdemokratie hervorgetreten. Es geht das aus dem Umstande hervor, daß, während von den gesamten deutschen Industriearbeitern nur ungefähr 13 pCt. bis 14 pCt. in den Gewerkschaften organisiert sind, von den Krimmitschauer 8000 Arbeitern gegen 4000 der sozialdemokratischen Organisation der Textilarbeiter angehörten.

Es war auch in der Arbeiterschaft schon seit längerer Zeit sehr unruhig gewesen. Sie erkannten die Schwäche der dortigen Industrie, und so war es beispielsweise stehende Gewohnheit der Arbeiter gewesen, wenn ein Arbeiter von dem Arbeitgeber gekündigt oder gar entlassen wurde, so wurden die Maschinen sofort still gestellt, die Arbeiter versammelten sich und verlangten von dem Arbeitgeber sofortige Wiedereinstellung, und die kleinen Arbeitgeber mußten sich fügen. Es wurden dort Anforderungen gestellt wegen Besetzung der Maschinen. Maschinen, die bisher von einer Arbeiterin bedient waren, sollten in Zukunft mit 2 Arbeiterinnen besetzt werden; und so war alles das, was man so als Machtfrage im wahren Sinne des Wortes bezeichnet, dort schon lange im Gange. Dieser Umstand, dieser unruhige Zustand unter den Arbeitern hat wohl auch wesentlich dazu beigetragen, den Platz zu schwächen und die Unternehmungslust und den Unternehmungsgeist der dortigen Arbeitgeber zu unterdrücken.

Nun kam die Order von dem Vorsitzenden aus Berlin, daß gestreikt werden sollte. Die näheren Daten will ich übergehen. Es wurde von den Arbeitern die unbedingte Einführung des zehnstündigen Arbeitstages mit einer entsprechenden Lohnerhöhung verlangt. Die Arbeitgeber machten einige Zugeständnisse. Es sollte zuerst nun von seiten der Arbeiter in 5 Fabriken gestreikt werden. Da haben die Arbeitgeber erklärt, nein, so lassen wir uns nicht einzeln abschlachten. Wenn ihr eure Forderungen nicht einstellt, dann werden wir euch allen kündigen. Darauf legten die Arbeiter die Arbeit nieder, und es trat für Krimmitschau der Generalstreik ein. Der hatte bereits viele Wochen gedauert — im August hatte er angefangen — und machte nun immer größeres Aufsehen in Deutschland. Den Arbeitgebern in Krimmitschau leistete zunächst der Verband der sächsischen Arbeitgeber der

Textilindustrie Hilfe, dessen Vorsitzender der hochverdiente Herr Geheime Kommerzienrat Vogel ist. Es war aber ersichtlich, daß auch mit dieser Hilfe die schwachen Fabriken in Krimmitschau den Kampf nicht würden durchführen können, daß sie würden unterliegen müssen. Nun, meine Herren, die Erkenntnis dieses Umstandes und die feste Ueberzeugung, daß ein solcher Sieg in Krimmitschau über die dortigen Arbeitgeber die ganze Arbeiterschaft mit Siegesbewußtsein erfüllen und sie veranlassen würde, an vielen anderen Stellen in ähnlicher Weise angreifend gegen die Arbeitgeber vorzugehen, war für mich Veranlassung, beim Direktorium zu beantragen, eine Hilfsaktion für Krimmitschau seitens der anderen Industrien in ganz Deutschland in die Wege zu leiten. Dieser Antrag wurde von dem Direktorium am 16. Dezember vorigen Jahres angenommen, und es konnte von diesem Beschluß noch kurze Mitteilung in der Ausschußsitzung, die am folgenden Tage stattfand, gemacht werden. Ich wurde vom Direktorium beauftragt, diese Aktion in die Wege zu leiten. Es wurden gleich Rundschreiben herausgeschickt, und die Aufforderung des Centralverbandes fand eine in hohem Maße anerkennenswerte Aufnahme bei vielen Mitgliedern des Centralverbandes, so daß uns Mittel zur Verfügung gestellt wurden, die es ermöglichten, die Krimmitschauer in ausgiebiger Weise zu unterstützen. Natürlich haben wir uns mit dem Vorsitzenden des Verbandes sächsischer Arbeitgeber, Herrn Geheimrat Vogel, in Verbindung gesetzt.

Ich muß noch nachholen, daß von der Textilindustrie auch eine Hilfsaktion eingeleitet wurde, die parallel ging. Ich habe mit Herrn Geheimrat Vogel Abmachungen dahin getroffen, welche Beträge von der Textilindustrie zu gewärtigen seien, welche Beiträge von anderer Seite, die sich nicht dem Centralverbande anschlossen, geleistet wurden und das übrige, was fehlte, sollte aus den dem Centralverband zur Verfügung gestellten Mitteln hergegeben werden. Ich habe dann in Krimmitschau Abmachungen mit den betreffenden Industriellen dahin getroffen, daß die ganz Bedürftigen besser unterstützt würden als die anderen. Ein Ausschluß von der Unterstützung war überhaupt nach Lage der dortigen Verhältnisse nicht möglich. So sind denn vom Centralverband an die Krimmitschauer Industrie 170 000 Mk. gezahlt worden.

Meine Herren, aber auch in den Arbeiterkreisen trat eine große Opferwilligkeit hervor. So waren hier in Berlin, abgesehen von den regelmäßigen Beiträgen, die die Mitglieder der Organisationen an die Kasse abzuführen haben, lediglich bei gelegentlichen Veranstaltungen Sammlungen unternommen worden, und der „Vorwärts“ konnte doch über, wenn ich nicht irre, 217 000 Mk. quittieren, die auf diesem Wege hier von Berliner Arbeitern gesammelt waren, und das wurde den Krimmitschauern zur Verfügung gestellt. In anderen Städten zeigte sich die Opferwilligkeit in ähnlicher Weise. Herr Regierungsrat Leidig hat ja gestern im Ausschuß auch mitgeteilt, wie opferwillig die Sozialdemokratie, die Arbeiterschaft, ist, wenn es gilt, ihre Interessen zu wahren und zu fördern. Kurz und gut, ich habe nach Mitteilungen, die ich in Krimmitschau an Ort und Stelle erhalten hatte, den Eindruck gewonnen, als wenn die Streikenden im Geld schwammen.

(Zuruf: Ueber eine Million!)

Ja. Kurz und gut, meine Herren, es hatte den Anschein, und es wurde auch versichert von den Arbeitern und ihren Organen, daß der Streik bis ins unendliche ausgehalten werden würde. Das veranlaßte mich, doch eine Organisation in die Wege zu leiten, um eine fortlaufende Beitragszahlung unserer Mitglieder für diesen speziellen Fall der Unterstützung der Arbeitgeber in Krimmitschau herbeizuführen. Zu diesem Zweck bin ich durch ganz Deutschland gereist. Ich habe mit den Industriellen im westlichen, im südlichen, in Mittel-Deutschland unterhandelt. Ich bin, wie gesagt, in Sachsen gewesen und, meine Herren, das große Entgegenkommen, das der Centralverband und das Direktorium mit seiner Hilfsaktion fand, setzte mich in den Stand, daß ich den Arbeitgebern in Krimmitschau erklären konnte, und wenn der Streik noch ein Jahr dauert, es sind dem Centralverband die genügenden Mittel gesichert, um die Unterstützung fortlaufend gewähren zu können. Darauf versicherten die Arbeitgeber in Krimmitschau, daß sie aushalten würden und sie hätten es auch getan. Es war aber nicht nötig. Als die Sozialdemokratie sah, wie einig die Arbeitgeber in diesem Falle waren, winkte sie ab. Am 19. Januar wurde den Arbeitern, den armen, verhetzten Arbeitern, gesagt, ihr kehrt bedingungslos zur Arbeit zurück.

Nun war es nicht möglich, die Arbeiter gleich alle zu beschäftigen, namentlich in der Weberei nicht, da erst die Vorarbeit in der Spinnerei gemacht werden mußte. Aber jetzt haben allmählich alle Arbeiter untergebracht werden können bis auf etwa 400, die überhaupt nicht wieder eingestellt werden. Denn darin war ich mit Herrn Geheimen Kommerzienrat Vogel vollständig einig, daß wir als Bedingung für die Unterstützung der Krimmitschauer Arbeitgeber zu stellen hätten, daß die wildesten Agitatoren und Hetzer nicht wieder eingestellt werden dürften, und das wird auch nicht geschehen.

Also, meine Herren, diese Aktion ist durch die Einmütigkeit der Industrie glücklich durchgeführt, der Streik ist gebrochen und die Sozialdemokratie hat eine schwere Niederlage erlitten.

Nun, meine Herren, bei diesen persönlichen Begegnungen mit den Industriellen im Deutschen Reiche und bei unserer sehr umfassenden Korrespondenz in diesen Sachen war überall der lebhafteste Wunsch hervorgetreten, daß eine dauernde Organisation der Arbeitgeber herbeigeführt werden möge. Meine Herren, ich habe nicht Furcht vor einer Revolution der Sozialdemokratie, sondern ich fürchte nur ihre Absicht und ihr entschiedenes Vermögen, die deutsche Arbeit zu stören, empfindlich zu stören. Diese Absicht hat sie, und bei dieser Absicht und bei den Kämpfen, die in Ausführung derselben bevorstehen, wollte die Industrie, soweit ich mit ihr in Beziehung kam, nicht, daß wieder so gelegentlich eine Aktion eingeleitet werden solle, sondern sie wollte durch einen festen, dauernden Zusammenschluß auch dauernd gerüstet sein, um den unberechtigten Forderungen der Arbeiter und ihrer Organisationen siegreich entgegentreten zu können.

Meine Herren, dieses entschieden an den Centralverband herangetretene allseitige Verlangen ist die Veranlassung gewesen, daß Sie sich heute mit dieser Organisation der Arbeitgeber zu beschäftigen haben.

Das Direktorium hatte nun schon am 13. Januar einen Beschluß in dieser Beziehung gefaßt. Da kam eine Versammlung, die Herr Geheimrat V o g e l einberufen hatte, am 17. Januar, durch welche die ganze Sache aufgehalten wurde. Es war in dieser Versammlung weniger von der Frage die Rede, ob eine allgemeine Organisation geschaffen werden solle, darüber war man bis auf zwei Herren, einem sehr weit links stehenden Berliner Fabrikanten und dem Vorsitzenden des Chemischen Vereins, einig. Diese beiden Herren wollen überhaupt keinen Arbeitgeberverband haben. Aber ich meine, im allgemeinen war man in der Versammlung einig. Vielmehr bestand ein Unterschied der Ansichten über die Frage, wie diese Stelle organisiert werden sollte, und obgleich man sich um die Frage herumdrückte, wie das Sprichwort lautet, wie die Katze um den heißen Brei, ob man den Centralverband bei der Leitung der Stelle beteiligen solle oder ob der Centralverband auszuschalten sei, so war an der Haltung der Mehrheit der dortigen Versammlung, die merkwürdigerweise hauptsächlich aus Gegnern des Centralverbandes zusammengesetzt war, die gegen den Centralverband gerichtete Stimmung wohl zu erkennen.

Nun, die Versammlung schloß damit — eigentlich ziemlich versöhnlich — daß eine Kommission gewählt wurde, welche die Sachen weiter betreiben, namentlich einen Statutenentwurf ausarbeiten sollte, und von der Versammlung am 17. selbst wurde der Vorsitzende des Centralverbandes, Herr V o p e l i u s, zum Vorsitzenden dieser Kommission gewählt.

In dieser Kommission habe ich nicht mitgewirkt, weil ich durch andere Geschäfte in Anspruch genommen war, sondern mein Stellvertreter, Herr Regierungsrat Dr. L e i d i g, und der wird die Freundlichkeit haben, Ihnen über den weiteren Verlauf der Sache zu berichten.

Vorsitzender: Das Wort hat der Herr Korreferent Herr Regierungsrat Dr. L e i d i g.

Mitberichterstatter Regierungsrat Dr. **Leidig**-Berlin: Meine sehr geehrten Herren, schon gegen Ende der Geltungsdauer des Sozialistengesetzes fand in der Sozialdemokratie die Anschauung immer mehr Boden, daß es notwendig sei, auch auf wirtschaftlichem Gebiete Organisationen zu schaffen, die ihr die Kadres geben sollten, zum Kampfe gegen das Unternehmertum. Die Versuche, die im Laufe der Jahre gemacht worden sind, die Gewerkschaften — das sind diese Organisationen — als nur wirtschaftlichen Zwecken dienende Arbeiterverbände zu organisieren, haben sich immer wieder als vergeblich erwiesen, und sie sind in den letzten Jahren wohl endgültig aufgegeben worden. Es ist noch nicht lange her, daß ein Führer der deutschen Gewerkschaften auf dem Gewerkschaftskongreß ausdrücklich und offiziell proklamiert hat: die deutschen Gewerkschaften und die deutsche Sozialdemokratie gehören untrennbar zusammen.

Als dann das Sozialistengesetz gefallen war, da haben sich die wirtschaftlichen Kämpfe unter Leitung der Gewerkschaften in steigender Lebhaftigkeit und in steigender Erbitterung an den verschiedensten Orten des Deutschen Reiches fortgesetzt und verbreitet, und es ergab sich für die Arbeitgeber an vielen Orten die Notwendigkeit, dieser Kampfesorganisation der Arbeiter gegenüber sich gleichfalls zur Abwehr zu vereinigen. Vor allem in Hamburg, dann im Baugewerbe, bei dem Gesamtverbande deutscher Metallindustrieller ist es gewesen, wo solche Abwehr-Organisationen gegen die maßlosen Ansprüche der unter sozialdemokratischem Einfluß und unter sozialdemokratischer Leitung stehenden Arbeiter geschaffen worden sind.

Der Centralverband Deutscher Industrieller hat schon seit einer Reihe von Jahren auch dieser Bewegung seine Aufmerksamkeit geschenkt. Bereits im Jahre 1899 hat der verdienstvolle Führer des Gesamtverbandes deutscher Metallindustrieller, Herr Kommerzienrat H e c k m a n n, hier vor Ihnen über diese Frage und insbesondere über die Frage des Arbeitsnachweises referiert, und, meine Herren, als Sie zuletzt hier zusammen waren, am 17. März vorigen Jahres, ist es mein verehrtes Gegenüber, Herr R i c k e l, gewesen, der auch damals wieder diese Frage hier in diesem Kreise zur Sprache gebracht hat.

Was war nun der Grund, daß der Centralverband Deutscher Industrieller bis vor kurzem diese Frage nicht in den Bereich seiner Tätigkeit hereingezogen hat und nicht hat hereinziehen können? Auf dem Programm des Centralverbandes steht, daß er die Aufgabe hat, die gemeinsamen Interessen der deutschen Industrie zu fördern, und in dieser Frage waren bis vor kurzem die Anschauungen innerhalb derjenigen weiten Kreise, die sie zunächst zu erledigen haben, geteilt. Es ist Ihnen ja gewiß allen bekannt, meine Herren, daß namentlich in den Kreisen der westlichen Industrie noch bis vor einer Reihe von Monaten, ja zum Teil auch noch heute, Anschauungen bestehen, die Bedenken tragen, Arbeitgeber-Organisationen mit dem ausdrücklichen Zwecke zu schaffen, die Bewegung der sozialdemokratischen Arbeiter auf dem wirtschaftlichen Gebiete zu bekämpfen.

Es ist, ich darf wohl sagen, das Verdienst der Kraft gewesen, die immer Böses will und manchmal Gutes schafft, das heißt hier der Sozialdemokratie, des Kampfes, den sie in Krimmitschau anzettelte, daß sich in den letzten Monaten doch in den weitesten Kreisen der deutschen Industrie die Erkenntnis durchgerungen hat, es sei notwendig, eine umfassende Abwehr-Organisation gegen die immer stärker andrängende Bewegung der sozialdemokratischen Arbeiterschaft zu gründen und zu schaffen.

Meine geehrten Herren, Herr Generalsekretär Bueck hat Ihnen ja schon in großen Zügen die Entwickelung dieser Bewegung vorgeführt. Er hat Ihnen dargelegt, was, ich darf sagen, in hunderten von Zuschriften, in einer Reihe von dringenden Verlangen aus den Kreisen der Mitglieder aus Ost und West, aus Süd und Nord an den Centralverband gelangt ist, daß dem Centralverbande die Pflicht auferlegt werde, eine umfassende Organisation zu schaffen. Durch die Arbeit des Direktoriums des Centralverbandes kam am 13. Januar ein Ergebnis nach der Richtung hin zustande, daß beschlossen wurde, eine Centralstelle der Deutschen Arbeitgeberverbände zu schaffen, die eine Vermittelung und Vereinigung unter diesen Verbänden, den bestehenden und den sich künftig bildenden, herbeiführen sollte. Die Industriellen-Versammlung am 17. Januar, deren Herr Bueck bereits erwähnt hat, setzte dann ein Komitee ein, das zunächst aus 12, später aus 30 Personen bestand, in dem diese Frage unter der Führung unseres Herrn Vorsitzenden weiter beraten werden sollte. Ein Unterkomitee, das von sechs Personen gebildet wurde, hat sich dann der Arbeit unterzogen, einen Statutenentwurf aufzustellen, und dieser von dem Unterkomitee, wie ich gleich hinzufügen will, in dem weitaus größten Teil seiner Bestimmungen einstimmig angenommene Statutenentwurf bildet auch die

Grundlage desjenigen Entwurfs, der Ihnen heute zu Ihrer Beschlußfassung unterbreitet worden ist.

Nun, meine Herren, es liegt mir ob, Ihnen in Kürze die Gründe für dieses Statut und auch die Gegensätze darzulegen, die sich im Laufe der Verhandlungen geltend gemacht haben, wie sie nunmehr in diesen verschiedenen Organen stattgefunden haben, und die dann schließlich mit dem gestrigen Ausschußbeschluß dazu geführt haben, Ihnen den Statutenentwurf so vorzulegen, wie Sie ihn heute in Ihren Händen haben.

Daß das Bedürfnis bestand, eine umfassende Organisation der deutschen Industrie nach dieser Richtung hin zu begründen, das, meine Herren, konnte nach dem Vorangegangenen, nach der, ich möchte sagen, Begeisterung, mit der dieser Plan im Laufe des Januar von allen Seiten aufgenommen worden war, nicht gut mehr bezweifelt werden; und wenn diese Begeisterung, die damals in den Kampfestagen bestand, ja auch, wie es nicht anders sein konnte, im Laufe der vergangenen Wochen schon ein wenig abgeflaut ist, nachdem der Kampf nun zu Ende geführt ist, und wenn bei den Einzelheiten und bei den Kämpfen und Erörterungen über diese Einzelheiten mehr die Gegensätze hervorgetreten sind, wie sie hier und da bestanden und bestehen und nach den Verschiedenheiten und Verschiedenartigkeiten der Erfahrungen wohl auch bestehen müssen, so meine ich doch, als Ergebnis aller unserer Verhandlungen, die im Laufe der letzten drei Monate geführt worden sind, kann auch heute noch mit zweifelloser Bestimmtheit konstatiert werden: der Wunsch und das Verlangen nach einer umfassenden Abwehr-Organisation der deutschen Industrie gegenüber den unberechtigten Bestrebungen der unter sozialdemokratischem Einfluß und unter sozialdemokratischer Leitung stehenden Arbeiter besteht auch jetzt noch in den weitesten Kreisen der deutschen Industrie.

Eine derjenigen Erörterungen, die von vornherein zu einem gewissen Gegensatze der einzelnen Organe, die mit diesem Statutenentwurf befaßt waren, geführt hat, war die Frage, wie groß der Umfang dieser in Aussicht genommenen Abwehr-Organisation ausgedehnt werden sollte. Meine Herren, darüber bestand ja Einstimmigkeit, daß es wünschenswert sei, möglichst die gesamte deutsche Industrie in diese Organisation hineinzuziehen, und wenn nachher die weiteren Verhandlungen und die Erörterungen, die nun ins Detail hineingingen, gezeigt haben, daß sich dieser Plan nur verwirklichen läßt, wenn man von dem, ich möchte sagen, zuerst mehr logisch gedachten Aufbau absieht und gewisse Aus- und Anbauten an die Organisation heranfügt, so war doch von Anfang an eine Verschiedenheit der Anschauungen darüber vorhanden, ob auch über den Kreis der deutschen Industrie hinausgegangen werden solle. Es handelt sich da vor allem um das Handwerk.

Meine Herren, ein großer Teil des Handwerks und namentlich das Baugewerbe gehörte ja zu denjenigen Bevölkerungskreisen, die gerade den heftigsten Ansturm der sozialdemokratisch organisierten Arbeiter auszuhalten haben, und da andererseits gerade auf diesem Gebiete durch die Kleinheit der Betriebe, durch die Vielköpfigkeit der Anschauungen, die bei den Handwerkern bestehen, und durch die Kapitalschwäche vieler der Arbeitgeber, auch durch ihre soziale Stellung, die Abwehr-Organisation besonders schwierig ist, da andererseits von denjenigen Herren, die seit lange in diesen täglichen Kämpfen stehen, vielfach betont wurde, daß eine Vernachlässigung des Handwerks auf diesem Gebiete zu Schwierigkeiten führen würde und führen müsse, schon weil dann den Arbeitern — ich will nicht sagen, den aus der Industrie hinausgewiesenen Arbeitern — ein Abflußgebiet in das Handwerk eröffnet würde, so wurde von einem Kreise, der an den Beratungen beteiligt war, mit großer Energie betont, daß auch die Hineinbeziehung des Handwerks von vornherein in Aussicht genommen werden müsse.

Die praktischen Schwierigkeiten, eine derartige Erweiterung des Planes vorzunehmen, haben sich doch als zu groß erwiesen. Es ist deshalb davon Abstand genommen, in den Ihnen vorliegenden Organisationsplan auch das Handwerk als solches hineinzubeziehen. Man hat geglaubt, daß es zunächst eine Aufgabe sei, die uns noch manche Zeit beschäftigen wird, die Industrie im engeren Sinne zu organisieren.

Andererseits, meine Herren, kann darüber gar kein Zweifel sein, daß den Erfahrungen, wie sie in einer Reihe von sogenannten gemischten Lokalverbänden gewonnen worden sind, auch in der Praxis der Hauptstelle Rechnung getragen werden muß, und es ist deshalb von vornherein die Anschauung anerkannt worden, daß es den einzelnen Lokalverbänden überlassen bleiben müsse, wie weit sie ihrerseits den Umfang ihrer Tätigkeit ziehen wollen. Also, wenn es sich notwendig und nützlich erweist, auch das Handwerk oder einen Teil des Handwerks in die lokalen Organisationen hineinzuziehen, so widerspricht dem auch der Anschluß an die geplante Hauptstelle nicht. Es bleibt dies dem freien Ermessen der einzelnen lokalen Organisationen vollständig überlassen und es würde dann also nach dieser Richtung hin im mittelbaren Wege auch das Handwerk zum Teil mit in diese Organisation hineintreten.

Daß in Zukunft, in näherer oder späterer Zukunft, zu den umfassenderen Fachorganisationen des Handwerks irgendwie eine freundliche Beziehung gesucht und gefunden werden muß, das ist gleichfalls von vornherein festgestellt worden. Es wird das ja den späteren Erörterungen überlassen bleiben müssen.

Eine zweite Schwierigkeit, die bei den Verhandlungen sich sofort auftat, war die — ich habe bereits bei meinen einleitenden Bemerkungen darauf hingewiesen — daß große Gebiete der deutschen Industrie noch nicht in diesen besonderen Abwehr-Organisationen, die ja mit dem allen Herren bekannten Namen als Arbeitgeberverbände bezeichnet werden, organisiert sind, und daß auch in weiten Kreisen des Deutschen Reiches und der Industrie nicht die Neigung bestand und besteht, derartige besondere Abwehr-Organisationen zu schaffen. Ein Teil unserer wirtschaftlichen Vereinigungen hat aber in der neuesten Zeit, einzelne haben bereits von früher her einen Teil oder auch alle Aufgaben, die sich für gewöhnlich reine Arbeitgeber-Organisationen stellen, in den Bereich ihrer Tätigkeit hineingezogen, und, meine Herren, es konnte darüber kein Zweifel bestehen, daß auch diese Organisationen von vornherein als vollberechtigte Glieder der Hauptstelle aufgenommen werden sollen.

Gewiß, meine Herren, besteht auch heute noch darüber Debatte unter denjenigen Herren, die in diesen Dingen praktische Erfahrungen haben, ob das Richtigere ist, reine Arbeitgeber-Organisationen zu schaffen oder aber die Aufgaben einer Arbeitgeber-Organisation mit denen eines wirtschaftlichen Vereins zu verbinden. Darüber war aber Klarheit, daß es nicht die Aufgabe der Hauptstelle sein dürfe, diese Differenzen in der praktischen Betätigung zu entscheiden. Wie die Hauptstelle ja überhaupt nach keiner Richtung hin eine zwingende Gewalt ausüben soll, wie sie nach keiner Richtung irgendwie hinwirken will auf eine Eintönigkeit der Organisationen innerhalb Deutschlands, die verschieden sind und verschieden sein müssen nach der Verschiedenartigkeit der Verhältnisse, der sozialen Struktur der Bevölkerungskreise, der wirtschaftlichen Vorbedingungen in den einzelnen Teilen unseres deutschen Reiches, so konnte es auch hier nicht die Aufgabe der Hauptstelle sein, nach der einen oder anderen Richtung hin eine Einheitlichkeit zu schaffen. Sie hatte lediglich die bereits vorhandenen Organisationen bei dem Aufbau der Satzungen zu berücksichtigen.

Dann ergab sich aber ein weiteres Moment, und das hat dazu geführt, daß eben der rein logische Aufbau der Organisation, wie er am Anfang wohl im ersten Feuereifer gedacht worden war, nicht festgehalten werden konnte. Eine Reihe von wirtschaftlichen Vereinen, eine Reihe auch von Arbeitgeberverbänden hat in ihrer Organisation, in ihrem inneren Aufbau und in den wirtschaftlichen Verhältnissen, denen sie gegenüber gestellt sind, in der Stellung zu ihrer Arbeiterschaft Bedingungen, die es ihnen schwer machen, sich der Hauptstelle, wie sie nach diesen Statuten gestaltet werden soll, als unmittelbare Mitglieder anzuschließen, und andererseits liegt doch auch bei diesen Gruppen und Organisationen der dringende Wunsch vor, mitzuhelfen und mitzuarbeiten bei der Ausgestaltung der Abwehr-Organisation der deutschen Industrie, und da, meine Herren, ist es, wie ich wohl nach dem Ergebnis, das sich weiter gezeigt hat, sagen darf, ein überaus glücklicher Gedanke gewesen, der in die Erörterung hineingeworfen worden ist, daß man neben den unmittelbar der Hauptstelle und ihren Organen — lassen Sie mich einmal den Ausdruck brauchen — eingeordneten einzelnen Mitgliedern auch ein gewisses Vorgebiet geschaffen hat, Mitglieder, mit denen man in ein enges Freundschaftsverhältnis tritt, mit denen von vornherein eine gemeinsame Aktion verabredet und umgrenzt werden soll und die andererseits doch die Möglichkeit haben, sich freier zu bewegen als es selbstverständlich nach den Bestimmungen, wie sie die Statuten der Hauptstelle enthalten, wonach ja allerdings die Selbständigkeit der einzelnen Unterverbände nach keiner Richtung hin angetastet werden kann, doch der Natur der Sache nach den einzelnen unmittelbaren Mitgliedern nur gestattet werden konnte oder ihnen zugelassen werden konnte.

Meine Herren, das Ergebnis dieser Erörterungen, die ich hier kurz angedeutet habe, finden Sie im § 11 der Ihnen vorliegenden Satzungen, der die Kartelle betrifft, wie er jetzt in dem neuen Ihnen vom Direktorium vorgeschlagenen Wortlaut heißen soll, daß Verbänden, die aus inneren Gründen — ich habe ja die inneren Gründe angedeutet — nicht in der Lage sind, sich der Hauptstelle anzuschließen, die aber nach der einen oder anderen Richtung hin mit der Hauptstelle zusammenarbeiten wollen und sich zu einem engen Zusammenschluß mit der Hauptstelle bereit erklären, daß solchen Vereinen die Stellung von kartellierten Verbänden zugewiesen werden soll.

Meine Herren, was nun den Zweck der Hauptstelle, die begründet werden soll, anlangt, so ist von vornherein darauf hingewiesen, daß in den letzten Wochen durch die deutsche Presse oder einen Teil der deutschen Presse doch eine Reihe von Behauptungen und Befürchtungen gegangen sind, die vielleicht von dem schlechten Gewissen der Sozialdemokratie zeugen, die aber jedenfalls in den Tatsachen nach keiner Richtung hin begründet sind.

Meine Herren, es liegt nicht die Absicht vor, mit diesen Organisationen, wie es behauptet worden ist, irgendwie die Rechtstellung unserer deutschen Arbeiter zu verschlechtern oder unsere deutsche Arbeiterschaft zu unterdrücken. Es liegt nicht die Absicht vor, den deutschen Arbeitern es unmöglich zu machen, im Zusammenhange mit der ganzen wirtschaftlichen Entwickelung an dem Aufschwung unseres deutschen

Nationalvermögens und nationalen Einkommens auch ihrerseits immer wieder teilzunehmen.

Meine Herren, die Absicht der Hauptstelle und derjenigen großen Teile der deutschen Industrie, die mit der Organisation, die hoffentlich von Ihnen heute beschlossen werden wird, zusammenarbeiten wollen, ist im § 2 ja in den einleitenden Worten in deutlicher Weise zum Ausdruck gekommen. Das Ziel soll sein, wieder friedliche Beziehungen zwischen Arbeitgebern und Arbeitnehmern zu erreichen. Die Scheidewand, wie sie zwischen Arbeitgebern und Arbeitnehmern vielfach aufgestellt worden ist von der Sozialdemokratie, von der verhetzenden und alles Große und Schöne und jede wirtschaftliche Tätigkeit und jeden wirtschaftlichen Erfolg herunterreißenden Tätigkeit der Sozialdemokratie — diese Scheidewand abzubrechen, das soll die Aufgabe der Hauptstelle sein.

Meine Herren, es kann nicht die Aufgabe einer derartigen Organisation sein, alles heranzuziehen, was nach der Richtung helfen kann, dies Ziel zu erreichen; denn um zu dem Ziele zu kommen, wieder ein friedliches Zusammenwirken und Zusammenarbeiten der beiden auf das engste aufeinander angewiesenen Kreise der deutschen Arbeitgeber und ihrer Mitarbeiter, der deutschen Arbeiter, zu erreichen, dazu sind zu verschiedenartige Mittel und Wege gegeben, und diese verschiedenartigen positiven Mittel und Wege zu erreichen, das liegt zum Teil in der Arbeit jedes einzelnen Arbeitgebers, das liegt zum Teil in der Arbeit aller derjenigen Organisationen, die sich von verschiedenen Auffassungen her im Deutschen Reiche gebildet haben auf wirtschaftlichspolitischem und sozialpolitischem Gebiete. Hier soll nur eine zusammenfassende Abwehr-Organisation gegenüber den destruktiven Elementen geschaffen werden, die den deutschen Arbeitgeber verhindern, seine positive Tätigkeit zu Gunsten und zum Wohle seiner Arbeiter und des deutschen Vaterlandes nun auch wirklich wirksam werden zu lassen und wirksam werden zu sehen, und deshalb, meine Herren, sind es verhältnismäßig nur wenige Aufgaben, die der Hauptstelle zugewiesen sind. Sie finden diese Aufgaben im wesentlichen zusammengestellt in den Buchstaben a bis e des § 2, die dann ja im einzelnen nachher ausgeführt sind in dem § 3 der Ihnen vorliegenden Satzungen.

Auch hier freilich, meine Herren, in den Buchstaben a bis e des § 2 liegen bereits gewisse Verschiedenheiten der Auffassungen vor. Es wird sich nicht überall durchführen lassen, daß alle diese Bestimmungen, die dort aufgestellt sind, von den einzelnen Arbeitgeber-Organisationen durchgeführt werden. Es sind diese Bestimmungen nicht in irgend einer Weise derartig aufzufassen, daß nunmehr ein Zwang ausgeübt werden soll auf die einzelnen Organisationen, die sich hier und da und hoffentlich recht zahlreich im Deutschen Reiche bilden und der Hauptstelle anschließen, sondern es ist nur der Aufgabenkreis der Hauptstelle damit umgrenzt und bezeichnet worden.

So, meine Herren, ist z. B. die Aufgabe, die der Hauptstelle gestellt ist, die Streikklausel nach Möglichkeit zu fördern, ja eine Aufgabe, die eben schon in der Form, in der sie hier bezeichnet worden ist, offen zeigt, daß es nicht überall, nicht zu gleicher Zeit und vielleicht in einem großen Teile der deutschen Industrien überhaupt nicht möglich ist, diese Norm durchzuführen. Aber soweit es möglich ist, soll die Hauptstelle darauf hinwirken, daß den einzelnen angeschlossenen Organisationen die Wichtigkeit und Bedeutung dieser Streikklausel für den Kampf gegen die Sozialdemokratie zum Bewußtsein kommt und sie soll immer wieder darlegen, daß die Einführung dieser Streikklausel ein wertvolles Kampfmittel gegenüber der Sozialdemokratie ist. Und ebenso, meine Herren, wird ja manches andere von diesen Bestimmungen — ich erinnere beispielsweise an die Nummer e des § 2 — vielfach in der praktischen Bedeutung zurücktreten.

Alle diese Bestimmungen, wie sie hier eingefügt sind, entsprechen eben den Wünschen bedeutsamer Gruppen unserer deutschen Industrie, und es wäre falsch gewesen, diesen Wünschen nicht auch in der Umgrenzung des Aufgabenkreises der Hauptstelle stattzugeben.

Meine Herren, zu den Aufgaben der praktischen Betätigung, die dann der Hauptstelle gestellt worden sind, gehören vor allem zwei. Das ist einmal die möglichst umfassende Durchführung der Arbeitsnachweise, die sich in den Händen der Arbeitgeber befinden, und das ist andererseits die Begründung eines möglichst starken Kriegsschatzes oder, wie es von bedeutsamer Stelle bezeichnet worden ist, eines Juliusturmes für den Kampf mit der Sozialdemokratie.

Auch hier, meine Herren, sind die Anschauungen innerhalb der Industrie nicht ganz gleichmäßig. Die Bedeutsamkeit und die Wichtigkeit der Ansammlung eines Kriegsschatzes wird von einigen Herren, die eine lange und hervorragende Erfahrung in den Arbeiterkämpfen haben, nicht so hoch eingeschätzt, wie von anderen Herren, die gleichfalls seit Jahren in diesem Kampfe stehen; auch da, meine Herren, kann es nicht die Aufgabe der Hauptstelle sein, sich nach der einen oder anderen Richtung hin zu entscheiden, und wenn die eine Seite erklärt: der Arbeitsnachweis ist das wichtigste, ja das einzige Mittel, das dazu dienen soll und dienen kann, dem Arbeitgeber die Möglichkeit zu geben, die Kämpfe mit den Arbeitnehmern glücklich durchzuführen, und die andere Seite sagt: vor allem ist eine möglichst umfassende Ansammlung von Geldmitteln zu organisieren, so ist es Aufgabe der Satzungen und ist es Aufgabe der Hauptstelle, beiden Anschauungen gerecht zu werden; dort, wo es möglich und nach den Bedingungen erforderlich erscheint, für die Einrichtung von Arbeitsnachweisen einzutreten und andererseits den Wünschen weiter Kreise der deutschen Industrie nach Ansammlung eines Kriegsschatzes, eines Centralfonds, aus dem den gefährdeten Arbeitgebern in ihren Kämpfen zu Hilfe gekommen werden kann, gleichfalls zu entsprechen. Sie finden denn auch diese Bestimmungen beide in den Statuten zum Ausdruck gebracht.

Nun, meine Herren, das, was ich Ihnen bisher vorgetragen habe, ist im wesentlichen der materielle Inhalt der Statuten, wie er Ihnen vorgelegt worden ist, und ich darf sagen, daß sich im großen und ganzen über diesen materiellen Inhalt ein sehr weitgehendes Einverständnis zwischen allen denen gezeigt hat, die bei den bisherigen Beratungen beteiligt gewesen sind. Die Gegensätze, die Kämpfe und die Differenzen, die entstanden sind, ruhen auf einem anderen mehr formalen Gebiete. Es handelt sich um die Organisation der §§ 12 und 16 der Ihnen vorliegenden Satzungen.

Meine Herren, als der Centralverband Deutscher Industrieller die Angelegenheit einer umfassenden Abwehr-Organisation der deutschen Industrie in die Hand nahm, da war das Direktorium darüber nicht zweifelhaft, daß zwei Voraussetzungen erfüllt werden mußten. Einmal, meine Herren, eine derartige Abwehr-Organisation kann nur geschaffen werden, wenn sie sich streng auf den Zweck, der ihr gesetzt ist, beschränkt, auf den Kampf gegen die sozialdemokratisch verhetzten Arbeiter; wenn sie von sich fernhält alle diejenigen Aufgaben, die innerhalb der deutschen Industrie verschiedenartig beantwortet werden, und innerhalb der deutschen Industrie bestehen ja nun einmal auf wirtschaftspolitischem und sozialpolitischem Gebiete verschiedenartige Auffassungen.

Andererseits, meine Herren, lag es für das Direktorium des Centralverbandes völlig klar auf der Hand, daß der Centralverband Deutscher Industrieller nicht mitwirken könne und nicht mitwirken dürfe bei Schaffung einer Organisation, die derart ausgestaltet würde, daß sie sich möglicher-, wahrscheinlicherweise, ja ich möchte sagen, gewiß im Laufe der Zeit gegen den Centralverband selbst und seinen Tätigkeitsbereich wenden wird und wenden muß, und das, meine Herren, war nach der festen Ueberzeugung des Direktoriums dann der Fall, wenn die Abwehr-Organisation der deutschen Industrie, wie sie geschaffen werden sollte, völlig selbständig, ohne daß dem Centralverbande irgend ein Einfluß auf diese Organisation gegeben war, gestaltet werden sollte.

Dieser Einfluß, den der Centralverband glaubte für sich in Anspruch nehmen zu müssen, ist nicht in der Weise gedacht, daß die positive

Tätigkeit in der Hauptstelle sich nach den Anschauungen zu richten haben soll, die innerhalb des Centralverbandes als die richtigen erachtet werden, sondern, meine Herren, es soll nur in negativer Weise verhindert werden, daß die Organisation dem Centralverbande die wichtigsten Teile seines Tätigkeitsbereiches wegnehmen kann. Meine Herren, eine Organisation, die sich auf so weite Kreise der deutschen Industrie gründet, wie es hier in Aussicht genommen ist, die ihrer Natur nach darauf angelegt ist, die gesamte deutsche Industrie zu umfassen und die dann selbständig organisiert ist, wird und kann sich nicht enthalten, auch zu den wichtigsten sozialpolitischen Fragen im öffentlichen Leben ihrerseits Stellung zu nehmen.

In den Vorverhandlungen ist ja über diese Frage gerade vielfach gesprochen worden, und es ist da den Befürwortern einer völlig selbstständigen Organisation die Frage vorgelegt worden, ob sie denn glauben, daß es möglich sein könne, daß eine derartig selbständig bestehende Organisation beispielsweise dann, wenn ein neues Arbeitswilligen-Gesetz eingebracht würde, nicht auch ihrerseits dazu Stellung nehmen werde und Stellung nehmen müsse, und es ist von den Herren, die die Selbständigkeit dieser Organisation befürworteten, für ganz selbstverständlich erklärt worden, daß diese Organisation in der Weise sich auch sozialpolitisch betätigen werde.

Nun, meine Herren, es kann doch dem Direktorium des Centralverbandes und es kann den Mitgliedern des Centralverbandes nicht zugemutet werden, eine Organisation zu schaffen und in erster Linie mitschaffend dabei tätig zu sein, die die weiten Gebiete der Sozialpolitik, auf denen bisher der Centralverband, wenigstens nach der Anschauung seiner Mitglieder, mit Nutzen und zum Segen des deutschen Vaterlandes gearbeitet hat, dem Tätigkeitsbereich dieses Verbandes entzieht. Ja, meine Herren, damit würde überhaupt das Schicksal des Centralverbandes besiegelt sein, denn es ist in den heutigen Zeiten nicht möglich, daß ein Verband der deutschen Industrie dauernd Einfluß und Geltung behält, wenn er sich auf ein einziges Gebiet, und möge es auch so wichtig sein wie das wirtschaftspolitische Gebiet, beschränkt. Meine Herren, wir sehen es an Vereinigungen und Organisationen, die in den letzten Jahren geschaffen worden sind, und die sich auf diese Gebiete, das wirtschaftspolitische, das handelspolitische beschränken wollten, daß sie heute an einer gewissen Blutleere leiden, daß sie genötigt sind, wenn sie überhaupt weiter bestehen wollen, sich nach neuen Tätigkeitsgebieten umzuschauen, und dasjenige Tätigkeitsgebiet, das für die deutsche Industrie das wichtigste neben den wirtschaftspolitischen Fragen ist, das ist zweifellos und wird immer bleiben das Gebiet der Sozialpolitik.

Nun, meine Herren, in den Verhandlungen der letzten Zeit, die mit Organisationen geführt worden sind, die außerhalb des Centralverbandes stehen, die zum Teil im Gegensatz gegen den Centralverband stehen, ist versucht worden, hier eine Möglichkeit zu finden, einmal dasjenige, was der Centralverband glaubt, für seine Zukunft beanspruchen zu müssen, zu erreichen und andererseits doch auch diesen Organisationen entgegenzukommen. Es sind gewiß Kompromißvorschläge gemacht worden, sachlicher und persönlicher Natur, in denen man den Herren der anderen Seite, wie ich glaube, so weit entgegengekommen ist, als es nur irgend möglich war. Diese Kompromißvorschläge sind schließlich nicht angenommen worden, und es ist deshalb nötig gewesen, daß der Centralverband seinerseits nun selbständig vorgegangen ist, und Sie finden deshalb natürlich auch in dem Ihnen vorliegenden Statutenentwurf diese Kompromißvorschläge nicht weiter berücksichtigt. Aber auch jetzt finden Sie daran festgehalten, daß die Hauptstelle der Deutschen Arbeitgeberverbände ein vollständiges Sonderleben neben dem Centralverband führen soll, und daß lediglich diejenigen Vorsichtsmaßregeln getroffen worden sind, die es verhindern, daß dieses selbständige Leben zu einem gegensätzlichen Leben wird.

Meine Herren, als solche Maßregeln, die der Centralverband unter allen Umständen durchsetzen mußte, um zu verhindern, daß die Organisation sich gegen ihn wende, erschienen nun vor allen Dingen zwei Forderungen: Einmal, daß der Vorsitz in der neuen Organisation mit dem Vorsitz des Centralverbandes in Personalunion verbunden sei und daß auch eine gewisse Berücksichtigung des Centralverbandes in dem Vorstande gesichert werde, und dann zweitens, daß auch die Geschäftsführung des neuen Verbandes mit der Geschäftsführung des Centralverbandes in Personalunion verbunden sein soll.

Bei den vielfachen Erörterungen und Beratungen, die über diese beiden Dinge geführt worden sind, hat sich immer wieder und wieder ergeben, daß ohne das Festhalten an diesen Bedingungen es nicht verhindert werden könne und nicht verhindert werden würde, daß unter Umständen — es mag ja sein, daß das nicht gleich, es mag sein, daß das vielleicht überhaupt nie geschieht — aber daß jedenfalls die Möglichkeit, die Gefahr vorliegt und naheliegt, daß sich diese neue Organisation gegen den Centralverband wende, und, meine Herren, wenn nun von derjenigen Seite, die anderer Anschauung ist, immer wieder und wieder hervorgehoben worden ist, daß der Centralverband Deutscher Industrieller ja gewiß auch in der neuen Organisation eine einflußreiche Stellung erhalten werde, daß aber der Name des Centralverbandes Deutscher Industrieller für weite Kreise ein — so möchte ich mich ausdrücken — unsympathischer sei, so möchte ich glauben, meine Herren, daß ich hier in der Delegiertenversammlung des Centralverbandes es kaum nötig habe, diese Anschauung zu widerlegen. Den Herren, mit denen wir selber über diese Frage debattiert und gekämpft haben, haben wie immer entgegengehalten, daß das Unsympathische des Centralverbandes doch wohl mehr in der Anschauung und Empfindung verhältnismäßig kleiner Kreise vorhanden sei, als in den tatsächlichen Anschauungen der deutschen Industrie, denn es wäre ja sonst ganz unerklärlich, daß der Centralverband Deutscher Industrieller von Jahr zu Jahr, ja, wie wir jetzt ruhig sagen dürfen, von Monat zu Monat immer weitere Kreise der deutschen Industrie an sich heranzieht und daß immer weitere Kreise der deutschen Industrie zu der Ueberzeugung kommen, daß sie die Vertretung ihrer Interessen und der Interessen der deutschen Industrie nach den verschiedensten Richtungen dem Centralverband Deutscher Industrieller vertrauensvoll übertragen können.

Meine Herren, damit glaube ich am Ende der einleitenden Bemerkungen zu sein. Ich werde ja nachher Gelegenheit haben, zu den einzelnen Bestimmungen, wie sie die Statuten enthalten, noch nähere Aufklärungen geben zu können.

An Ihnen, meine Herren, liegt es heute, das Werk, das im Laufe der letzten Monate — ich darf sagen und dessen darf sich ja jeder rühmen — mit viel Fleiß und mit vieler Mühe durchzuführen versucht worden ist, — an Ihnen, meine Herren, liegt es, dieses Werk, das am Anfange des Jahres von den weitesten Kreisen der deutschen Industrie mit Begeisterung verlangt wurde, nun auch heute durchzuführen und damit dem Plane Gestaltung zu geben, von dem die Freunde der deutschen Industrie und die Freunde einer gedeihlichen Entwicklung unserer politischen Zustände gegenüber der Sozialdemokratie Großes hoffen und das von der Sozialdemokratie als eines der gefährlichsten Kampfmittel, die bisher ihr entgegengestellt wurden, gefürchtet wird. (Beifall.)

Vorsitzender: Meine Herren, ich schlage nun vor, zuerst in eine Generaldiskussion einzutreten und alsdann in die Spezialdiskussion. — Ich nehme an, daß Sie zustimmen und bitte, sich zur Generaldiskussion zum Worte zu melden.

Blohm-Hamburg.: Meine Herren, Herr Regierungsrat Dr. Leidig hat Ihnen so klar und überzeugend nachgewiesen, daß der Centralverband die einzig richtige Stelle für diese Bewegung ist, daß ich diese Aufgabe wohl nicht mehr zu erfüllen habe. Wir, die sogenannten reinen Arbeitgeberverbände, haben uns anfangs bemüht, dem Centralverbande klar zu machen, daß es vielleicht besser wäre, die Vereinigung der

Arbeitgeber nicht allein durch den Centralverband zur Ausführung bringen zu lassen, wir haben uns aber überzeugt, daß ein derart kräftiger Wille zur Durchführung den Centralverband beherrscht, daß wir uns haben bescheiden müssen und den Satzungen, wie sie jetzt ausgearbeitet sind, unsere Zustimmung geben werden.

(Beifall.)

Eine große Gefahr liegt bei dem Centralverbande, derselbe ist so mächtig, daß er alle wenig kampflustigen Mitglieder und schwachmütigen Geister vielleicht veranlassen könnte, nun zu sagen: der Centralverband tut alles für uns, wir brauchen nichts mehr zu tun, und vor dieser Gefahr möchte ich Sie warnen. Die Kraft der Vereinigung bleibt doch immer in den Lokalorganisationen

(Sehr richtig!)

und in den Fachorganisationen

(sehr richtig!),

den Ausbau dieser Organisationen dürfen Sie nicht vergessen und müssen ihn kräftig in die Hand nehmen, denn sonst würde Ihnen die Hauptstelle auch nichts nützen.

(Zustimmung und Beifall.)

Im übrigen hoffen wir, daß die erzielte Einigung uns allen großen Nutzen bringen wird.

(Beifall.)

Avellis-Forst i. L.: Meine Herren, die Notwendigkeit der Gründung von Abwehrverbänden ist durch die Herren Referenten in überzeugender Weise dargetan, und über diese Notwendigkeit besteht wohl im allgemeinen weiter kein Zweifel. Ueber die Ziele, die sich die Hauptstelle gesteckt hat, ist auch eingehend berichtet worden. Ich will auch diese Ziele nicht weiter berühren, sondern nur über den Weg, der zu diesen führen soll, einige Bemerkungen machen.

Herr Regierungsrat L e i d i g hat ausgeführt, daß, wenn die Hauptstelle der Arbeitgeberverbände auf neutralem Boden gegründet werden würde, diese Hauptstelle dem Centralverband in vielen Beziehungen entgegenarbeiten würde, und daß der Centralverband sich nicht damit einverstanden erklären kann, in dieser Weise sich schädigen und einen Teil seiner Macht nehmen zu lassen. Ich kann mich diesen Ausführungen nicht anschließen und möchte auf zwei Beispiele aus der Praxis hinweisen. Wir haben in Forst i. L. einen wirtschaftlichen Verein, den Fabrikantenverein, der ungefähr zwei Drittel der Forster Industriellen zu Mitgliedern hat. Als vor einigen Jahren der Streik bei uns vor der Tür stand, hat dieser wirtschaftliche Fabrikantenverein einen Arbeitgeberverband ins Leben gerufen. Er hat ihn als Separat-Verein gegründet, weil er richtig erkannt hat, daß, wenn er die Fragen, die einen Arbeitgeberverband beschäftigen, mit den wirtschaftlichen verquickt, er nicht darauf rechnen kann, alle Industriellen in sich zu vereinigen, und die Zeit hat bewiesen, daß der eingeschlagene Weg der einzig richtige war. Beide Vereine bestehen erfolgreich nebeneinander. Das ist ein Beispiel im kleinen.

Wir haben ein zweites Beispiel bei größeren Verhältnissen: Es besteht ein Verein der deutschen Tuch- und Wollwaren-Fabrikanten, dessen Vorsitz sich in Aachen befindet. Dieser Verein umfaßt die deutsche Textil-Industrie in wirtschaftlicher Beziehung. Als der Crimmitschauer Streik zum Ausbruch kam und sich die Notwendigkeit ergab, die Arbeitgeberschaft zu organisieren, und als in Kottbus im Herbst vorigen Jahres der Beschluß gefaßt wurde, einen Arbeitgeberverband der deutschen Textil-Industrie zu gründen, stand man da auch auf demselben Standpunkt und sagte sich, daß, wenn wir die sämtlichen Arbeitgeber der Textil-Industrie in dem neuen Verband vereinigen wollen, wir das wirtschaftliche Gebiet nicht mit der Arbeitgeberfrage verbinden dürfen. Es wurde in Kottbus der Verein der deutschen Tuch- und Wollwaren-Fabrikanten gebeten, die Vorarbeiten für den zu gründenden Arbeitgeberverband zu übernehmen. Er hat es in bereitwilligster Weise getan. Er ist damit beschäftigt, den Arbeitgeberverband der Textil-Industrie zu organisieren, und es ist zweifellos, wenn er nicht gestört wird, daß ihm dieses gelingen wird.

Meine Herren, dieser Verein der deutschen Tuch- und Wollwaren-Fabrikanten ist nicht klein. Auch er hat sich ganz sicher die Frage vorgelegt, ob der Verband der Arbeitgeber der deutschen Textil-Industrie ihn nicht in seinen Kreisen stören wird. Er hat aber erkannt, daß es, wenn man den beabsichtigten Zweck erreichen will, einfach die Praxis gebietet, den Arbeitgeberverband der Textil-Industrie separat zu gründen, also auf neutralem Boden und vollständig unabhängig von dem Verein der deutschen Tuch- und Wollenwaren-Fabrikanten. Wenn die von diesem letzteren Verein übernommenen Vorarbeiten, die im besten Gange sind, beendet sein werden, so wird er von der Leitung zurücktreten, was aber selbstverständlich nicht ausschließt, daß sich Herren aus dem Vorstand des deutschen Tuch- und Wollenwaren-Fabrikantenvereins in dem Vorstand des Arbeitgeberverbandes der Textil-Industrie befinden werden, nicht weil sie im Vorstande des Tuchfabrikantenvereins sind, sondern weil man auf ihre Person und ihren Rat Wert legt. Das sind zwei Beispiele, eins im kleinen und eins im größeren. Genau so liegen hier die Verhältnisse im großen. Ich habe durchaus nicht die Absicht, die

Tätigkeit des Centralverbandes zu verkennen, im Gegenteil, er hat sich auf all den verschiedenen Gebieten mit so außerordentlichem Geschick und so großen Erfolgen betätigt, daß alle Mitglieder ihm nur den größten Dank zollen können und auch gern zollen.

Der Centralverband befürchtet nun eine Konkurrenz in der Hauptstelle der Arbeitgeberverbände, sofern sie auf neutralem Boden begründet würde. Diese Befürchtung halte ich nicht für berechtigt, und ich glaube, daß die beiden, der Centralverband und die neue Hauptstelle, auch wenn sie auf neutralem Boden steht, sehr gut und mit größtem Erfolg nebeneinander existieren können. Aber auch wenn mir bewiesen werden könnte, daß der Centralverband Einbuße erleidet, so halte ich die Gründung der Hauptstelle auf neutralem Boden doch vom praktischen Standpunkt aus für richtig -- und nur dieser allein ist für mich der maßgebende: Sie bezwecken eine Zusammenfassung aller industriellen Kreise Deutschlands. Meine Herren, verkennen Sie doch nicht, daß eine Zusammenfassung aller industriellen Kreise nur möglich ist auf einem Gebiete, wo die Meinungen nicht aufeinander prallen und wo alle die gleichen Ziele haben. Ein solches Gebiet ist meines Erachtens nur dann vorhanden, wenn die geplante Hauptstelle der Arbeitgeberverbände unabhängig von einem wirtschaftlichen Verbande, also auf neutralem Boden errichtet wird. Wenn das nicht geschieht — ich weiß nicht, wie die Versammlung hierüber denkt —, wenn die Hauptstelle gegründet wird als eine Abteilung des Centralverbandes, so glaube ich mit Sicherheit sagen zu dürfen, daß eine Zersplitterung eintreten wird. Derjenige Teil der Arbeitgeber, der die wirtschaftspolitischen Ansichten des Centralverbandes nicht teilt, wird sich dieser Hauptstelle nicht anschließen oder in einer so losen Form, daß das beabsichtigte große Ziel nicht erreicht wird.

Ich verkenne durchaus nicht, daß es für den Centralverband, nachdem er die Vorarbeiten für eine Hauptstelle in die Hand genommen und schon zu einem gewissen Ende geführt hat, heute ein Opfer sein muß, auf einen Teil dessen, was er jetzt erstrebt, zu verzichten. Wenn aber der Centralverband sich heute angesichts der Ereignisse der letzten Zeit, die die Zersplitterung gezeigt haben, wie sie bereits vorhanden ist und wie sie bevorsteht — wenn er sich heute noch dazu durchringen könnte, für die Hauptstelle einen neutralen Boden zu schaffen, so glaube ich nicht, daß er sich damit irgend etwas vergibt. Im Gegenteil, er wird sich den größten Dank aller Arbeitgeberkreise erwerben, wenn er, den praktischen Erwägungen Folge gebend, sich in der Weise betätigt, wie es der Verein der deutschen Tuch- und Wollenwaren-Fabrikanten macht: daß er jetzt die Vorarbeiten zu Ende führt und dann als solcher zurücktritt. Es ist dann ebenso selbstverständlich, daß Herren des Centralverbandes in dem Vorstand der Hauptstelle sich befinden werden. Das bedarf weiter keiner Worte.

Meine Herren, ich glaube, die Empfindung haben auch Sie alle, daß, wenn dieser Praxis nicht Raum gegeben wird, wenn der Centralverband auf seinem Standpunkt bestehen bleibt, dann das große Ziel, das man erstrebt, nicht in seinem ganzen Umfange erreicht werden wird.

Sollten Sie aber trotz alledem die Hauptstelle als Abteilung des Centralverbandes gründen, so möchte ich wenigstens das eine heute von Ihnen erreichen, daß Sie die Organisationsbestrebungen des im Werden begriffenen Arbeitgeberverbandes der Textil-Industrie nicht stören wollen. Nach dem hier vorliegenden Entwurf für die Statuten der Hauptstelle wird es den einzelnen lokalen Arbeitgeberverbänden und den Bezirksverbänden freigestellt, sich direkt an die Hauptstelle zu wenden und den Anschluß an diese zu suchen. Es würde dieses sicher eine Zersplitterung bei der Organisation der Textil-Industrie zur Folge haben, und ich möchte deshalb hier die dringende Bitte an den Centralverband richten, daß seinerseits lokale Arbeitgeberverbände oder Bezirksverbände der Textil-Industrie nicht aufgefordert werden, direkt der Hauptstelle beizutreten, daß umgekehrt, wenn derartige Verbände einen Anschluß an die Hauptstelle suchen, seitens des Centralverbandes diese Verbände darauf aufmerksam gemacht werden, daß sie sich zunächst dem Arbeitgeberverband der Textil-Industrie anschließen möchten, und daß dieser letztere große Verband, der die gesamte deutsche Textil-Industrie umfaßt, erst dann zum Beitritt an die Hauptstelle aufgefordert wird, wenn er, was in kurzer Zeit geschehen sein wird, fertig organisiert ist.

Geheimer Kommerzienrat **Vogel**-Chemnitz: Meine Herren, als am 17. Januar hier in diesem Hause eine Versammlung stattfand, die von mir als dem Vorsitzenden der Arbeitgeber der sächsischen Textil-Industrie einberufen war zu dem Zweck, Rechenschaft abzulegen über die Vorkommnisse in Crimmitschau und den Kreisen, welche sich bereits an der Unterstützung unserer Crimmitschauer Freunde beteiligt hatten, zu danken. Dann aber auch, um die Frage aufzuwerfen, ob man nicht einen allgemeinen deutschen Arbeitgeberverband schaffen solle, da wurde der letztere Gedanke mit großer Begeisterung ergriffen, es wurde eine Kommission gewählt, zu deren Vorsitzenden unser jetziger Vorsitzender, Herr Vopelius, bestimmt wurde. Diese Kommission hat in einer Reihe von Sitzungen beraten, wie man die dort ausgesprochenen Gedanken am besten verwirklichen könnte. In meiner Anrede vom 17. Januar führte ich aus, daß es mir gut schiene, den Verband so zu gründen, wie den Verband der Textil-Arbeitgeber von Sachsen, losgelöst von politischen und wirtschaftlichen Vereinen, lediglich als einen Verband zu dem Zwecke, den unberechtigten Forderungen der Sozialdemokratie entgegenzutreten, um ein möglichst freundliches und gutes Verhältnis mit unseren Arbeitern herzustellen.

Meine Herren, die Verhandlungen, die innerhalb dieser Kommission geführt worden sind, haben leider nicht zu dem Erfolge geführt, daß das von mir damals gedachte Ziel, alle deutschen Industrien zu vereinigen und keine Spaltung erscheinen zu lassen, erreicht wurde. Infolgedessen hat der Centralverband beschlossen, allein unter seiner Kontrolle eine Centralstelle zu bilden, in die alle anderen außenstehenden, dem Centralverbande nicht angehörenden Vereine und Verbände mit Aufnahme finden können.

Meine Herren, ich habe gestern, wo im Ausschuß die Angelegenheit beraten wurde, manche Bedenken zu erkennen gegeben und vor allen Dingen dahin zu wirken gesucht, daß die Statuten in einer Weise formuliert würden, daß für Außenstehende der Eintritt erleichtert werde, daß man nicht das Gefühl hat, der Centralverband tyrannisiere. Aber der Centralverband als solcher in seiner großen Mehrheit hat seine Entschlüsse mit einer solchen Hartnäckigkeit verteidigt, daß ich eingesehen habe, gegen den Eigenwillen des Centralverbandes ist nicht anzukommen. Ich habe ferner gestern die Meinung zu zerstreuen gesucht, die von seiten des Centralverbandes und vieler seiner Mitglieder geteilt wurde, als ob ich in der Zeit vom 17. Januar bis heute dazu beigetragen hätte, die Spaltung zwischen Centralverband und anderen Verbänden und Vereinen zu provozieren. Ich habe auf das Allerentschiedenste zurückgewiesen, daß eine derartige Meinung durch mein Verhalten und durch die tatsächlichen Verhältnisse, unter denen ich gearbeitet habe, die mindeste Berechtigung habe. Meine Herren, ich habe nur ein Ziel verfolgt, und das ist gewesen, die deutsche Industrie zu einem großen Verbande zusammenzuschmelzen gegenüber den Anmaßungen der Sozialdemokratie, und ich habe mir die redlichste Mühe gegeben, alle Verbände, die außen stehen und alle Mitglieder, die dagegen sprachen, möglichst zu versöhnen.

Ich hatte nun, nachdem die am 17. Januar gewählte Kommission ihr Mandat in meine Hände zurückgelegt hat, für gestern früh diejenigen Herren eingeladen, die damals an der Sitzung am 17. Januar teilgenommen hatten, und ich habe selbstverständlich auch den Vorstand des Centralverbandes eingeladen, lediglich in der Absicht, um in letzter Stunde, nachdem mir sein Statut bekannt war, dahin zu wirken, daß dasselbe gewisse Abänderungen erfahre. Der Vorstand des Centralverbandes hat es abgelehnt, dieser Sitzung beizuwohnen. Wir haben gestern mit einer ziemlich großen Anzahl teilweise auch hier anwesender Herren diese Sitzung abgehalten, und ich habe da zu erreichen gesucht, daß auch die außenstehenden Verbände und Vereine möglichst sich doch noch durch Konzessionen bewegen lassen, diesem großen Verbande sich anzuschließen. Das ist mir gestern bei dieser Versammlung nicht gelungen, und ich hatte infolgedessen auch aufgegeben, heute irgendwelche Einwirkungen nach der Richtung hin auf diese Delegiertenversammlung zu versuchen. Meine Herren, ich habe, nachdem die Herren gestern den Wunsch geäußert hatten, heute das Resultat der gestrigen Sitzung des Centralverbandes noch einmal zu hören und danach ihren Beschluß zu fassen, Ihnen die freudige und angenehme Mitteilung zu machen, daß diese Versammlung, welche zum größten Teile aus Opponenten des Centralverbandes bestand, heute früh folgende Erklärung abgegeben hat:

> „In Erwägung, daß ein Teil der bestehenden oder in der Entstehung begriffenen Arbeitgeberverbände der vom Centralverbande Deutscher Industrieller ins Leben gerufenen Hauptstelle sich zur Zeit nicht anschließen kann, daß aber die Zusammenfassung auch dieser Verbände wünschenswert erscheint, um für später ein gemeinsames Wirken zu ermöglichen, beauftragt die heutige Versammlung den Vorstand des Gesamtverbandes Deutscher Metall-Industrieller, die Vorarbeiten für eine in spätestens zwei Monaten abzuhaltende Versammlung derjenigen Verbände, die der Hauptstelle noch nicht angeschlossen sind, in die Hand zu nehmen, wenn möglich zwecks Angliederung an die Hauptstelle des Centralverbandes."

Meine Herren, wenn etwas dokumentiert, daß wir tatsächlich nur das eine Ziel im Auge haben, die deutsche Arbeiterschaft zu einigen, so ist das wohl ein neuer Beweis dafür, und ich muß, nachdem ich erkannt habe, daß der Centralverband unbedingt an dem festhält, was er nun einmal in den Statuten niedergelegt hat, im Interesse der großen Sache auch meinerseits erklären, daß ich es für wünschenswert halte, daß jetzt dieser Verband unter der Aegide des Centralverbandes gegründet wird

(Beifall),

und zwar deshalb, meine Herren, weil etwas geschehen muß! Denn wenn nichts geschieht, so ist das die größte Niederlage für uns

(Zustimmung),

und wenn dieses Statut mir und vielen von Ihnen, meine Herren, nicht nach jeder Richtung hin konveniert, so gebe ich zu bedenken, daß es ein Versuchsstatut für ein so neues, noch gar nicht ganz zu übersehendes Unternehmen ist

(sehr richtig!),

mit dem wir alle redlich arbeiten wollen, damit das Ziel, das wir uns gesteckt haben, erreicht werde.

(Beifall.)

Es ist unmöglich, heute ein Statut aufzustellen, welches alle die Verhältnisse voraussieht, die eintreten werden, und alle die Wünsche berücksichtigt, die hier berechtigt oder unberechtigt auftauchen, und deshalb ist es für Männer, die sich ein Ziel gesteckt haben, und das als richtig erkannt haben, viel achtens- und ehrenwerter, sich dem unterzuordnen, als beiseite zu stehen, zu grollen und den großen Gedanken fallen zu lassen.

(Lebhafter Beifall.)

Meine Herren, deshalb erkläre ich — so heftig ich den Vorstand des Centralverbandes in mancher Richtung bekämpft habe — ich bin ein unverbrüchlicher Freund des Centralverbandes, ich anerkenne seine segensreiche Wirksamkeit für die Industrie als desjenigen Verbandes, der unzweifelhaft von allen Verbänden bisher am allermeisten geleistet hat, — ich will den Centralverband in einem derartigen Moment nicht im Stiche lassen und ihm nicht Knüppel zwischen die Beine werfen

(Beifall),

und wenn mir je der Centralverband den Vorwurf gemacht hat, daß ich seine Wege kreuzte, so hat er mich verkannt und mißverstanden.

(Anhaltender Beifall.)

Reichstagsabgeordneter Dr. **Beumer**-Düsseldorf: Meine Herren, nachdem Herr Geheimrat Vogel diese dankenswerte Erklärung abgegeben hat, liegt es mir nur ob, dem Herrn Redner aus Forst einiges zu erwidern.

Er würde vollständig recht haben, wenn die geplante Hauptstelle es überhaupt übernehmen wollte, wirtschaftspolitische Zwecke mit ihren Zielen zu verquicken. Das ist nach den vorliegenden Statuten nicht der Fall. Es ist niemals beabsichtigt gewesen, und wenn der Herr Vorredner den mühsamen Verhandlungen in der Kommission beigewohnt hätte, so würde er das, was er heute dargelegt hat, nicht ausgesprochen haben.

Meine Herren, aus den Satzungen, die Ihnen heute vorgelegt sind, geht auf das klarste hervor, daß von keinem außerhalb des Centralverbandes stehenden Arbeitgeberverband oder wirtschaftlichen Verein verlangt wird, sich dem Centralverband als Mitglied anzuschließen, sondern daß wir nur den Wunsch haben, die Arbeitgeberverbände und die wirtschaftlichen Vereine, welche gleiche Zwecke verfolgen, möchten sich der selbständigen Hauptstelle des Centralverbandes zu diesem besonderen Zwecke, den wir im Auge haben, anschließen.

(Bueck: Sehr richtig!)

Meine Herren, damit ist ja die neutrale Basis, die der Herr Vorredner aus Forst verlangt hat, absolut gegeben.

(Sehr richtig!)

Denn aus dieser Hauptstelle sind die übrigen Zwecke und Ziele des Centralverbandes völlig ausgeschlossen. Es ist weder von der Wirtschaftspolitik dabei die Rede noch von den sonstigen Aufgaben, die der Centralverband zu erfüllen hat, sondern es ist das eine Ziel, das die beiden Herren Referenten als Zweck dieser Hauptstelle hier dargelegt haben und das in den Statuten einen Ausdruck gefunden hat.

Also, meine Herren, kann ich wohl sagen, war es für uns, die die vorbereitenden Schritte zu tun hatten, eine reine Organisationsfrage, weiter gar nichts, und daher hat sich die Mehrheit dieser Kommission auf den rein praktischen Standpunkt gestellt: lehnt man eine derartige Organisation, wie wir sie schaffen wollen, praktisch an eine bestehende Organisation an, oder schafft man eine vollständig neue Organisation?

Nun, meine Herren, wird die Sache gewöhnlich so dargestellt, namentlich in den Kreisen, die ich als die Gegner des Centralverbandes bezeichnen darf, als ob sich ein solcher deutscher Arbeitgeberverband ohne weiteres aus der Erde stampfen ließe.

(Sehr richtig!)

Ja, meine Herren, wenn Sie den Kommissionsverhandlungen beigewohnt hätten, dann würden Sie da doch durch den Gegensatz in den Meinungen der verschiedenen Mitglieder, die zum Zwecke der Schaffung eines solchen Arbeitgeberverbandes die allerverschiedensten Wege als die hauptsächlichsten bezeichneten, wie das ja Herr Regierungsrat Dr. Leidig hervorgehoben hat, gesehen haben, daß das eine fable convenue ist, daß wir etwa in sechs Wochen, wenn der Centralverband Deutscher Industrieller nicht existierte, wenn er also weder Freunde noch Gegner hätte, einen großen Arbeitgeberverband aus der Erde stampfen könnten.

(Sehr richtig!)

Dabei hat die Majorität der Kommission es denn doch gewürdigt, daß der Centralverband eine Korporation ist, welche etwa acht Zehntel der deutschen Industrie umfaßt, und im übrigen ist den anderen Verbänden nach dem Kompromißantrage, durch den sie die Möglichkeit zum Eintritt finden sollten, vielleicht mehr gegeben, als ihnen gebührt. Wenn jene Herren uns vorwerfen, wir hätten die unpatriotische Tat begangen, die Errichtung eines deutschen Arbeitgeberbundes zu stören, meine Herren, so zerfällt schon durch das, was ich dargelegt habe, dieser Vorwurf in nichts. Meine Herren, wir haben auch, namentlich nach den von Herrn Geheimrat Vogel abgegebenen Erklärungen und namentlich im Hinblick darauf, daß mit dem § 11, der eine Kartellstellung derjenigen Verbände und wirtschaftlichen Vereine vorsieht, die sich aus inneren Gründen zunächst nicht der Hauptstelle anschließen können, — wir haben, sage ich, daraus die volle Zuversicht, daß die heute ins Leben zu rufende Hauptstelle zustande kommen wird und daß sie als neutrale Stelle für alle deutschen Arbeitgeber dem gemeinsamen Ziele dienen wird, und das ist der Kampf gegen die Sozialdemokratie.

Der Herr Redner aus Forst hat in Aussicht stellen zu dürfen geglaubt, daß, wenn wir heute nach dem uns vom Direktorium vorgelegten Statutenentwurf vorgehen würden, ganz sicher eine Zersplitterung eintreten würde. Meine Herren, ich glaube, die Furcht ist nicht berechtigt. Ich glaube, daß alle Freunde des Centralverbandes die Gründe würdigen werden, die das Direktorium zu dem Schritte geführt haben, wie er in den Statuten zum Ausdruck kommt. Ich glaube aber auch andererseits, daß, wenn man diese Hauptstelle erst einmal marschieren läßt, sich auch in den übrigen Kreisen der deutschen Industrie die Einsicht Bahn brechen wird, daß hier etwas geschaffen ist, was uns allen gemeinsam dienen kann, wenn wir die Sozialdemokratie bekämpfen wollen, und darum bitte ich Sie, meine Herren, den Befürchtungen, die der Herr Redner aus Forst ausgesprochen hat, nicht Raum zu geben, sondern dem Statut in seinen wesentlichen Bestimmungen zuzustimmen, damit das gemeinsame Ziel endlich erreicht werden kann.

(Lebhafte Zustimmung!)

Es sind durch die Verhandlungen, die wir gehabt haben, schon drei kostbare Monate ins Land gegangen, aber vielleicht nicht umsonst; denn sie haben den Anhängern des Centralverbandes gezeigt, daß man eine solche Sache nicht ohne weiteres ins Leben rufen kann, ohne alle die dabei in Betracht kommenden Momente zu würdigen. Das haben wir in den langwierigen Beratungen gelernt. Wir wissen, wie schwer die Aufgabe ist. Ich glaube, wir wissen aber andererseits auch, wie lohnend sie ist, und deshalb sage ich, seien Sie wenigstens heute in der Delegiertenversammlung einig. Der übrigen Zersplitterung im deutschen Vaterlande zu begegnen, das wird Aufgabe der Hauptstelle und ihrer Leitung sein, die wir, die Freunde des Centralverbandes, in bewährter Hand wissen.

(Beifall.)

Generaldirektor **Werminghoff**-Berlin: Meine Herren, die Satzungen, wie sie uns vorliegen, haben in mir die Befürchtung erregt, daß damit nicht der Zweck erreicht würde, die zum Teil schon gebildeten, teils in der Bildung begriffenen Arbeitgeberverbände zu einer gemeinsamen Hauptstelle zu vereinigen, sondern daß der Beitritt dadurch eher erschwert wird. Ich finde, daß die Momente, die für die Zusammenfassung der verschiedenen Arbeitgeberverbände sprechen, doch in der Hauptsache darin liegen, daß da, wo die Leistungen der einzelnen Arbeitgeberverbände nicht mehr ausreichen, die Gemeinsamkeit in Tätigkeit treten soll, damit nicht durch die Unzulänglichkeit eines Arbeitgeberverbandes in seinen Mitteln die Sozialdemokratie in die Lage gesetzt werde, einen ungerechtfertigten Kampf siegreich zu Ende zu führen, weil der betreffende Industriekreis nicht in der Lage war, unter seinen Mitgliedern die Widerstandsfähigkeit zu erhalten dadurch, daß er sich materiell unterstützt.

Ich meine nun, was hier in diesem Entwurf materiell enthalten ist, ist auch bei den meisten Arbeitgeberverbänden die Grundlage ihrer Bildung gewesen. Ich glaube, gerade die §§ 2—3 finden sich in den meisten Arbeitgeberverbänden, die wir bereits haben, vorgesehen, wenigstens der Arbeitgeberverband, den wir gebildet haben in Halle, und der die Mitglieder des deutschen Braunkohlenindustrievereins bezw. die mitteldeutsche Braunkohlenindustrie umfaßt, enthält in der Zweckbestimmung seiner Statuten genau das, was hier in §§ 2 und 3 gesagt ist.

Wenn bestehende Arbeitgeberverbände heute einer Centralstelle, einer Hauptstelle beitreten sollen, so wäre die erste Aufgabe, daß man die Form des Zusammenschlusses und die Leistungen, die diese Verbände gegenüber der Hauptstelle übernehmen sollen, genauer präzisiert. Die letzteren beziehen sich doch zunächst auf die Aufbringung der Beiträge, die Höhe derselben und die Art und Weise der Verteilung. Meine Herren, es ist die Aufgabe der Industrie, in einzelnen Arbeitgeberverbänden sich zusammenzuschließen. Es wird kaum möglich sein, nach alledem, was wir gehört haben, e i n e n gemeinsamen Arbeitgeberverband zu bilden. Wenn das möglich wäre, dann würde ich dieses Statut für das richtige halten. Da aber nach meiner Ansicht die Hauptstelle doch nur eine Zusammenfassung der Arbeitgeberverbände sein soll, so meine ich, die Tätigkeit des Centralverbandes, die ich in ihrer großen Nützlichkeit voll und ganz anerkenne — müsse sich zunächst hierauf erstrecken. Ich stehe auf dem Standpunkt, die Hauptstelle an den Centralverband anzugliedern. Ich meine aber, der erste Schritt hätte in der Weise zu geschehen, daß vom Centralverband aus die Bestrebungen unterstützt bezw. selbst in die Wege geleitet werden, möglichst alle Industrien, die in ihm vertreten sind, zu Arbeitgeberverbänden zu organisieren. Vielfach haben wir ja die Arbeitgeberverbände schon, vielfach sind sie infolge der Crimmitschauer Ereignisse jetzt in der Entstehung begriffen. Ich meine also, wenn darauf hingewirkt wird, wenn erst das

Ziel erreicht ist, daß möglichst alle Industrien zu Arbeitgeberverbänden zusammengeschlossen sind, daß dann die Grundlage gesucht werden muß, auf welcher der Zusammenschluß in einer Hauptstelle erfolgen kann.

Ich glaube, meine Herren, daß das Kleid, das wir hier in den Statuten anfertigen, schließlich doch vielleicht nicht denjenigen finden wird, dem es angezogen werden kann, denn sehr viele Verbände werden nicht wissen, ob sie der Hauptstelle beitreten sollen, weil die Bedingungen, unter denen dies geschehen soll, in dem Statut nicht näher präzisiert sind. Auch wenn sie lediglich in ein Kartellverhältnis treten sollen, so ist darüber gar nichts gesagt, sie wissen nicht, in welcher Weise das Kartellverhältnis gedacht ist, ob sie einen Einfluß nachher bei der Verwaltung der Hauptstelle haben werden oder nicht.

Infolgedessen glaube ich, wird es für viele Arbeitgeberverbände, die existieren und die jetzt in der Bildung begriffen sind, schwer, dem Verbande beizutreten, ehe in Bezug auf die Bedingungen etwas Näheres bekannt ist. Vielleicht ließe sich so prozedieren, daß die Vorstände der gebildeten und noch zu bildenden Arbeitgeberverbände später zusammentreten und die Grundlage für die solidarische Vereinigung dieser in einer Hauptstelle beraten. Es wird ja nicht leicht sein, die richtige Grundlage einer solchen Vereinigung zu finden, so einfach und einleuchtend der Zweck derselben ist, der sich mit zwei Worten dahin ausdrücken läßt, daß, wenn es einem Arbeitgeberverband für sich nicht möglich ist, den von der Sozialdemokratie aufgezwungenen Kampf durchzuführen, dann die Unterstützung der Vereinigung einzutreten hat. Vielleicht werden sich in der Zukunft auch noch andere Aufgaben einer solchen Hauptstelle ergeben. Zunächst ist aber, wie ja schon aus der Bezeichnung „Hauptstelle der Arbeitgeberverbände" hervorgeht, dahin zu streben, daß diese Arbeitgeberverbände überall gebildet werden.

Ich wollte diese Erwägungen nur hier vortragen, ohne weiter auf die Erörterungen einzugehen, ob die Hauptstelle der Arbeitgeberverbände an den Centralverband anzuschließen sei oder nicht. Für mich ist diese Frage nur zu bejahen und nach den Worten, die Herr Geheimrat Vogel soeben an uns gerichtet hat, dürfen wir wohl annehmen, daß darüber volle Einigkeit besteht.

Dr. **Rocke**-Hannover: Meine Herren, der von mir vertretene Verein, der Hannoversche Fabrikantenverein, ist wahrscheinlich derjenige, welcher als letzter von den dem Centralverbande angeschlossenen Vereinen zu dieser Frage Stellung genommen hat, nämlich in einer Vorstandssitzung, die gestern abend stattgefunden hat.

Unser Verein wird sich über das Maß der praktischen Beteiligung an dieser Sache erst in seiner nächstens stattfindenden Generalversammlung schlüssig machen können. Ich kann aber heute schon die Erklärung abgeben, daß der Vorstand die grundlegenden Prinzipien des Programms und die Tendenzen des Centralverbandes, die hier verfolgt werden, durchaus billigt.

(Beifall.)

Wir sind der Ansicht, daß es richtiger ist, mit bestehenden Verhältnissen zu rechnen und lieber etwas anzunehmen, was schon ziemlich groß vorhanden ist, wie es uns geboten wird, als etwas zu versuchen, etwas ganz Neues zu schaffen.

Herr Abgeordneter Dr. Beumer hat ungefähr dem Ausdruck gegeben, was auch in unserer gestrigen Vorstandssitzung hervorgetreten ist. Meine Herren, wenn teilweise darauf hingewiesen wird, daß in angeblich weiten Kreisen der deutschen Industrie Antipathien gegen den Centralverband Deutscher Industrieller bestehen, so glaube ich, daß diese Antipathien mehr persönlicher als sachlicher Natur sind

(sehr richtig),

und daß deswegen um so mehr, wenn es sich um sachliche Erwägungen handelt, wir mit diesen sogenannten Antipathien nicht gar zu sehr zu rechnen haben.

(Sehr richtig!)

Aus diesem Grunde hoffen wir, daß aus dem hier uns Vorgeschlagenen etwas Gutes, etwas Ersprießliches wird. Stehen einzelne Gruppen derzeit beiseite, so kann uns das nicht stören, die Sache in die Hand zu nehmen. Höchst wahrscheinlich würden viel mehr Gruppen beiseite stehen, wenn man etwa einen neuen sogenannten neutralen Arbeitgeberverband bilden wollte

(sehr richtig!),

und, meine Herren, die Befürchtungen, die der Centralverband hat, wenn er etwas Neues hier nicht gern aufkommen lassen will, scheinen auch vollkommen berechtigt zu sein. Eine solche neutrale Arbeitgeber-Centralstelle, die weiter nichts sein wollte, als eben eine solche, könnte leicht dahin gelangen, daß sie zu wenig zu tun hätte, vielleicht auf den Rang eines statistischen Bureaus oder etwas Aehnliches herabgedrückt würde. Deshalb ist es viel richtiger, man schafft ein Organ in Anlehnung an eine auch wirtschaftspolitisch tätige Stelle, und ich bin durchaus nicht der Ansicht, daß es richtig ist, die neue Centralstelle gar zu ängstlich auf ihr eigentliches Gebiet zu beschränken. Im Gegenteil, ist im Interesse der gesamten deutschen Volkswirtschaft zu wünschen, daß die neue Centralstelle in ihrer Tätigkeit auch getränkt sein möge, sozusagen von dem wirtschaftspolitischen Oele, das der ganzen Wirksamkeit des Centralverbandes eigen ist.

(Beifall.)

Landtagsabgeordneter **Menck**-Altona: Meine Herren, Herr Geheimrat Vogel hat vorhin eine Resolution vorgelesen, in welcher der Gesamtverband Deutscher Metallindustrieller genannt ist. Als sein stellvertretender Vorsitzender fühle ich mich veranlaßt, das Wort zu ergreifen, denn es könnte sonst so scheinen, als wenn der Gesamtverband gewissermaßen eine Fronde gegen den Centralverband führen wollte.

Ich habe während dieser langwierigen Verhandlungen als Vertreter des Gesamtverbandes bereits bemerkt, daß die Stellung des Gesamtverbandes es ihm unmöglich macht, als Mitglied der geplanten Hauptstelle beizutreten, und es wurde nicht leicht der Weg gefunden, auf dem der Gesamtverband doch in eine Verbindung mit der Hauptstelle treten konnte. Schließlich nach langwierigen Verhandlungen habe ich den Vorschlag gemacht, den jetzigen § 11 über Kartellverträge aufzunehmen. Der Antrag ist angenommen worden, und er ist in der heutigen Vorlage mit enthalten. Dadurch ist der Weg gefunden, durch welchen ältere Verbände wie der Gesamtverband Deutscher Metallindustrieller, die — man kann sie gewissermaßen mit alten, knorrigen Eichen vergleichen — nicht so leicht sich in andere Satzungen hineinfügen lassen, doch sich an die Hauptstelle anschließen können. Denselben Weg, den der Gesamtverband Deutscher Metallindustrieller gehen kann, kann meiner Ansicht nach jeder Verband, sei es ein Arbeitgeberverband oder ein wirtschaftlicher Verband, betreten, der irgend welche Schwierigkeiten hat, sich als Mitglied der Hauptstelle anzuschließen.

Es ist gestern die Befürchtung ausgesprochen worden, es könne dahin kommen, daß die Hauptstelle fast gar keine Mitglieder hätte und alle Verbände nur kartelliert seien. Ich sage, darin liegt gar kein Unglück. Wenn sämtliche in Betracht kommenden Verbände durch einen Kartellvertrag mit der Hauptstelle verbunden sind, dann ist es ein leichtes, festzustellen, was hindert die Verbände, Mitglieder zu werden, und wenn das klargestellt wird, dann wird sich wohl auch der Weg finden, die Satzungen so zu ändern, daß dieses Hindernis beseitigt wird.

Es kommt heute nicht darauf an, daß wir uns über eine schöne theoretische Form der Satzungen einigen, sondern es kommt darauf an, daß wir eine Form finden, welche es möglich macht, daß wir vorwärts schreiten können.

(Sehr richtig!)

Ich erinnere Sie an das Bild, welches Fürst Bismarck benutzte. Er sagte: Heben Sie Deutschland nur in den Sattel, dann wird es schon reiten können, und so sehe ich diese Satzungen auch an, indem ich sie nicht als das Ende aller Weisheit betrachte. Meine Herren, es ist manches gesagt worden, was nach meiner Ansicht nicht zutreffend ist, was, wenn die Hauptstelle eine Zeit lang gearbeitet hat, sich als eine verkehrte Ansicht herausstellen wird. Wenn die Hauptstelle nur erst in Tätigkeit kommt, wenn möglichst viele Verbände, die sich nicht gleich als Mitglieder melden können, durch Kartellverträge angeschlossen sind, dann wird sich alles schon klären.

Meine Herren, ich möchte nun die Bitte aussprechen, sich nicht allzusehr in Detaildiskussionen über diese Satzungen zu verlieren.

(Lebhafte Zustimmung und Beifall.)

Wenn Sie bedenken, daß die Mitglieder der Kommission, besonders der Sechserkommission, der anzugehören ich die Ehre gehabt habe, in sehr langwierigen und sehr heißen Debatten die Sache zu klären gesucht haben und daß schließlich diese Satzungen dabei herausgekommen sind, dann werden Sie sich sagen müssen, wenn man alles Für und Wider heute noch mal wieder vorbringen will, daß dann nichts zu stande kommen wird und man gar nichts erreichen wird, so daß wir mit leeren Händen auseinandergehen müssen. Wenn wir alle Gegensätze noch mal hier vorbringen, so kann es der Sache nichts nützen. Es ist das allerbeste, daß jeder das, was er noch an den Satzungen zu tadeln hat, zurückstellt. Wir sind einmal nicht in allen Kleinigkeiten einig, wir sind aber in dem großen Ziele einig, und da wollen wir das Geschaffene annehmen, weil es uns dem großen Ziele näher führen wird.

Ich hoffe, daß der Gesamtverband Deutscher Metallindustrieller den Auftrag, den die heutige freie Versammlung unter dem Vorsitz des Herrn Geheimrat Vogel an ihn gerichtet hat, annehmen wird, und zwar in dem Sinne, daß der Gesamtverband darauf hinwirken wird, daß die außenstehenden Verbände sich der Hauptstelle durch Kartellverträge anschließen und daß er seinerseits suchen wird, die Hindernisse zu beseitigen, die dem Anschluß entgegenstehen. Ich hoffe, daß, wenn ich den Auftrag für den Gesamtverband in diesem Sinne annehme, Sie damit einverstanden sind und daß Sie es nicht so betrachten, als wenn abseits eine Fronde steht, die sich nicht mit Ihnen einigen will, sondern daß abseits nur eine Reihe Verbände steht, die an sich freundlich zu dem geplanten Unternehmen stehen, die aber noch nicht die Form gefunden haben, in welcher sie sich kartellieren können, und ich hoffe bestimmt, daß wir den Weg finden, auf dem wir uns treffen können, daß wir die entgegenstehenden Hindernisse beseitigen werden und daß wir die volle Einigkeit sämtlicher Arbeitgeber Deutschlands herstellen werden. Darauf kommt es an, daß wir sämtlich einig werden, das sage ich nicht nur für die Industrie, sondern auch für das Handwerk, denn ohne das Handwerk ist der Teil der Industrie, der mit gelernten

Arbeitern arbeitet, den Angriffen der Gewerkschaften aufs äußerste ausgesetzt, weil die Angriffe der Gewerkschaften zuerst sich gegen das schwächere Handwerk richten, und wenn sie dort gesiegt haben, eine Stufe höher gehen und sich gegen die mittlere Industrie wenden, wonach schließlich die Großindustrie auch daran kommt.

Die vollständige Einigkeit aller deutschen Arbeitgeber muß unser Ziel sein. Das ist eine Aufgabe, die wir heute noch nicht voll lösen können, dazu werden wir vielleicht Jahre gebrauchen. Aber wenn wir alle den festen Willen haben, das Ziel zu erreichen, so werden wir es auch gewinnen und unsere Position gegenüber dem sozialdemokratischen Angriff zu sichern wissen.

(Beifall.)

Vorsitzender: Meine Herren, die Rednerliste ist erschöpft, und es meldet sich auch niemand mehr zum Wort. Ich kann die Generaldiskussion schließen, und wir treten in die Spezialdiskussion ein.

Meine Herren, ich werde die einzelnen Paragraphen nach Nummern verlesen, und sofern sich niemand zum Worte meldet, immer weiter gehen.

Geheimer Kommerzienrat **Vogel**-Chemnitz: Meine Herren, ich mache den Vorschlag, nachdem die Statuten in Ihrer aller Hände sind, sie en bloc anzunehmen.

Ich habe gestern in den mehrstündigen Verhandlungen trotz der heftigsten Angriffe und der größten Ueberredungskunst nichts erreicht, und zwar einfach deshalb, weil die Herren nach langer Beratung sich auf die Statuten festgelegt hatten. Ich versichere Sie, Sie erreichen auch heute auch nichts

(Heiterkeit),

und da wir den Wunsch haben, dies als ein Versuchsstatut zu betrachten, als ein Statut, das nun erst ausgeprobt werden soll, so nützen Sie Ihre Zeit am besten, wenn Sie es en bloc annehmen.

(Lebhafter Beifall.)

Vorsitzender: Meine Herren, Herr Geheimrat V o g e l hat den Vorschlag gemacht, die Statuten **en** bloc anzunehmen. Ein solcher Vorschlag kann nur zur Abstimmung kommen, wenn sich niemand aus der Versammlung dagegen erhebt.

Dignowity-Chemnitz: Ich will nicht dagegen sprechen, sondern stelle den Unterantrag, daß wenigstens in Berücksichtigung der großen Verantwortung, die der Centralverband durch diese — — ich möchte sagen — — eigenmächtige Uebernahme der Führerschaft bei Bildung des Arbeitgeberbundes übernommen hat, er den anderen Verbänden insoweit entgegenkäme, daß er die Abänderung des § 12 insofern — — — —

(Unterbrechung durch den Vorsitzenden.)

Vorsitzender (einfallend): Ich mache den Herrn Redner darauf aufmerksam, daß er momentan in eine materielle Besprechung der Statuten eintritt. Das ist nicht angängig. Es ist lediglich die Frage gestellt, ob die Versammlung damit einverstanden ist, daß eine En bloc-Annahme stattfindet, und ich habe erklärt, sofern sich irgend jemand dagegen ausspricht, kann eben dem Antrag des Herrn Geheimrat Vogel nicht stattgegeben werden, dann muß ich in die Beratung der einzelnen Paragraphen eintreten.

Ich darf Sie (zu Herrn Dignowity) also nun fragen: Sind Sie gegen die En bloc-Annahme?

(Wird verneint.)

Ich frage, ob sonst jemand gegen die En bloc-Annahme ist. — Das ist nicht der Fall. Demnach darf ich wohl konstatieren, daß die Versammlung die En bloc-Annahme genehmigt hat.

Ich darf also annehmen, meine Herren, daß Sie auch mit der En bloc-Annahme dem Antrag zugestimmt haben, den das Direktorium durch mich Ihnen vorhin gestellt hat in Betreff des § 4 bezw. des § 11. Ich nehme dies als Ihre Meinung an.

Nun komme ich zur formellen Abstimmung und bitte alle diejenigen, welche die Satzungen, wie sie Ihnen vorliegen, mit den betreffenden Aenderungen der §§ 4 und 11 annehmen wollen, sitzen zu bleiben.

(Zurufe.)

Ich bitte deshalb negativ abzustimmen, weil so viele Mitglieder hier anwesend sind, welche nicht stimmberechtigt sind. Wir kommen sonst zu einem falschen Resultate. Also ich bitte diejenigen, welche gegen diese Statuten sind, sich zu erheben.

Meine Herren, ich konstatiere, daß die Versammlung die Statuten einstimmig angenommen hat.

(Beifall.)

Meine Herren, damit sind wir aber noch nicht fertig mit den Statuten. § 17 bestimmt, daß zehn Mitglieder in den Ausschuß von der Delegiertenversammlung zu wählen sind. Wir würden also sofort in die Wahl einzutreten haben. Die Frage hat gestern den Ausschuß auch beschäftigt, und gestatten Sie mir, daß ich Ihnen namens des Ausschusses die Mitglieder bezeichne, welche derselbe Ihnen vorschlägt, in den Ausschuß zu wählen.

Es sind dies Herr Kommerzienrat Paul Heckmann in Berlin, Herr Abgeordneter Menck in Altona, Herr Bergmeister Engel in Essen, Herr Kommerzienrat Stahl in Stettin, Herr Dr. Kauffmann-Wüstegiersdorf, Herr Direktor Stark-Chemnitz, Herr Kommerzienrat Aust-München, Herr Dardel von der elsässischen Maschinenbauanstalt in Mülhausen, Herr Generaldirektor Weinlig-Dillingen a. d. S. und Herr Abgeordneter Dr. Beumer in Düsseldorf. Ich frage die Versammlung, ob sie mit dem Vorschlag ihres Ausschusses einverstanden ist, daß diese Herren in den neuen Ausschuß gewählt werden sollen. — Wenn ich keine gegenteilige Bemerkung höre — — und dies ist nicht der Fall — — so nehme ich Ihre Zustimmung an und erkläre diese Herren als in den Ausschuß gewählt.

Meine Herren, damit wären wir fertig mit der Beratung der Statuten und der Konsequenzen, welche sich für uns für heute daraus ergeben. Es wird nun die Aufgabe derer sein, meine Herren, die heute hier waren, in ihrem Kreise dafür einzutreten, daß die Arbeitgeberverbände gebildet werden. Aber nicht minder wird es Aufgabe der Geschäftsstelle sein, dafür überall Propaganda zu machen, und, meine Herren, da komme ich mit wenigen Worten auf das zurück, was Herr Generaldirektor Werminghoff gesagt hat. Er wollte zuerst die Einzelverbände sich bilden lassen, und der Centralverband sollte dazu die Hand bieten, ohne doch ein Mandat dazu zu haben. Das geht nicht. Nur durch die Annahme dieser Satzungen, durch welche nun der Centralverband die Leitung übernommen hat, ist derselbe in der Lage, überall dafür Propaganda machen zu können. Ich bitte aber auch andererseits nochmals, daß die Herren überall dafür eintreten, daß in ihren Kreisen diese Unterverbände nun möglichst bald gebildet werden.

Meine Herren, es besteht nun die Absicht, um die Sache weiter fortführen zu können, zum 13. Mai eine Versammlung der Abgeordneten der einzelnen Verbände einzuberufen, um die nötigen weiteren Konsequenzen zu ziehen. Es ist also der Vorstand zu wählen, denn erst, wenn der Vorstand gewählt ist, ist die ganze Organisation perfekt. Also ich darf die Herren bitten, sich den 13. Mai einmal zu vergegenwärtigen, damit Sie ungefähr acht bis vierzehn Tage vorher dem Bureau mitteilen können, welche Herren delegiert werden, damit die Herren eingeladen werden. Sie werden außerdem auch von dem Bureau eine besondere schriftliche Aufforderung bekommen.

Meine Herren, damit wäre nun die Nummer 4 unserer Tagesordnung erledigt, und ich hoffe, daß die gute Erledigung, wie sie hier stattgefunden hat, zum Segen des Centralverbandes und zum Segen der ganzen deutschen Industrie ausfallen wird.

(Beifall.)

Langen-M.-Gladbach: Ich möchte an das Direktorium die Bitte richten, die Statuten in einer größeren Anzahl von Exemplaren drucken zu lassen und den einzelnen Verbänden zur Verfügung zu stellen (**Vorsitzender: Das wird geschehen!**), damit diese sie an ihre Mitglieder verschicken können, und zwar so rechtzeitig, daß die Verbände noch vor dem 13. Mai zu den Statuten Stellung nehmen und sich über den Beitritt zur Hauptstelle schlüssig machen können.

Generalsekretär **Bueck-Berlin:** Ja, wenn Sie uns nur die Anzahl der Exemplare melden, dann sollen sie Ihnen sofort zugeschickt werden.

Vorsitzender: Meine Herren, wir kommen zu Punkt 5 der Tagesordnung:

Die Novelle zum Börsengesetz.

Meine Herren, ich darf hinzufügen, daß hier übersehen worden ist, eine zweite Nummer hinzuzufügen: Die Novelle zum Reichsstempelgesetz.

Das Referat über die Novelle zum Börsengesetz hat Herr Generalsekretär Bueck übernommen, dem ich das Wort gebe.

Berichterstatter Generalsekretär **Bueck-Berlin:** Meine Herren, wenn ich es übernommen habe, über diese Frage zu referieren, so kann ich nicht leugnen, daß es mir recht schwer geworden ist, mich derart eingehend mit dieser Materie vertraut zu machen, wie es erforderlich ist, wenn man über sie berichten soll. Meine Vorarbeiten mußten sich auf ein so weites Gebiet erstrecken, daß ich die Unmöglichkeit erkannte, diese bedeutungsvolle Frage in einem Referat so eingehend zu behandeln, wie es eigentlich erforderlich gewesen wäre, um ein klares, faßliches Bild zu geben. Daher kann ich nur die hauptsächlichsten Punkte und auch diese nur gewissermaßen andeutungsweise behandeln. Ich bitte in dieser Richtung daher schon im voraus um Ihre Nachsicht.

Meine Herren, mit der fortschreitenden Entwickelung unseres Wirtschaftslebens ist auch die Börse und das Börsengeschäft größer geworden. Die Einwirkung der Börse oder der an der Börse tätigen Geldkräfte auf unser Erwerbs- und Wirtschaftsleben war sehr erheblich geworden und stieg mehr und mehr. Dieser Umstand führte dazu, daß sich die Aufmerksamkeit mehr und mehr der Börse und dem Bankgeschäft zuwandte, und das hatte wieder zur Folge, daß in weiten Kreisen über große, an der Börse herrschende Mißstände geklagt wurde, die in der Tat vorhanden waren und schon in der Reichstagssession des Jahres 1887 und 1888 derart zur Sprache kamen, daß ein gesetzliches Eingreifen verlangt wurde.

Nach einer Periode des Aufschwungs trat im Jahre 1891 ein Niedergang ein, infolgedessen eine Reihe von Bankbrüchen sich ereignete. Die Begleiterscheinungen dieser traurigen Ereignisse gewährten ein wirklich beklagenswertes Bild von Leichtsinn, wilder Ueberspekulation, Betrug und Diebstahl, wie es kaum schlimmer auf einem anderen Gebiete gedacht werden kann.

Gleichzeitig mit diesen Ereignissen trat eine Höhe der Getreidepreise ein, wie sie seit Jahrzehnten in Deutschland nicht beobachtet worden war. Diese hohen Getreidepreise riefen einen lebhaften Widerspruch gegen die nur vor wenigen Jahren wesentlich erhöhten Getreidezölle hervor. Die damals schon sehr kräftige agrarische Bewegung suchte die Aufmerksamkeit von den Zöllen abzulenken und beschuldigte die Spekulation an der Börse, daß sie diese hohen Teuerungspreise verursachte. Meine Herren, das hielt die agrarische Agitation nicht ab, verhältnismäßig kurze Zeit darauf, als der bedauernswerte Tiefstand der Getreidepreise eingetreten war, dieselbe Spekulation wieder auch für den Tiefstand der Getreidepreise verantwortlich zu machen. Im allgemeinen wußte sie aber doch eine solche Bewegung gegen die Börse anzufachen, daß im Reichstag eine Resolution folgenden Inhaltes angenommen wurde:

> „Die Regierung wurde aufgefordert, dem Mißbrauch des Zeitgeschäfts als Spielgeschäft besonders in den für die Volksernährung wichtigen Artikeln durch eingreifende Bestimmungen auf dem Wege des Strafrechts entgegenzutreten und insbesondere die reinen Differenzgeschäfte als nichtig zu erklären und ferner den Geschäftsverkehr an der Börse einer wirksamen staatlichen Aufsicht zu unterstellen."

Infolge dieses Antrages setzte die Regierung eine Enquetekommission ein, die nach 1½jähriger Arbeit am 11. November 1893 ihren Bericht an den Reichskanzler erstattete. Infolge dieses Berichtes unterbreitete die Regierung unter dem 3. Dezember 1895 dem Reichstage den Entwurf eines Börsengesetzes, welches noch in derselben Session des Reichstages zu stande kam und am 22. Juli 1896 veröffentlicht wurde.

Unter dem Einfluß der börsenfeindlichen Agitation war aus dem Gesetzentwurf aber etwas ganz anderes geworden, als die Enquetekommission vorgeschlagen und als die Regierung beantragt hatte. Die Regierung wollte vorbeugende Maßregeln gegen die an der Börse vorgekommenen Mißstände schaffen. Sie schlug daher zu diesem Zwecke die Staatsaufsicht, die Haftpflicht der Emissionshäuser, ein Börsenregister für den Terminhandel in Waren, Neuregelung des Kommissionsgeschäfts vor, und außerdem sollten dem Bundesrat weitgehende diskretionäre Vollmachten eingeräumt werden. Das Börsengesetz brachte in allen diesen Beziehungen eine Reihe wesentlicher Verschärfungen, namentlich wurde durchgesetzt, daß der Landwirtschaft bei der Beaufsichtigung der Börse eine weitgehende Beteiligung eingeräumt wurde. Als Hauptsache aber brachte das Gesetz das Verbot des Terminhandels in Getreide und Mühlenfabrikaten, in Bergwerks- und Fabrikaktien, die Einführung des Börsenregisters nicht nur für Waren, sondern auch für den Effektenverkehr, und dadurch war eine ganz andere Gestaltung des Gesetzes herbeigeführt worden.

Meine Herren, die Regierung hatte der Aufhebung des Terminhandels den schärfsten Widerstand sowohl in der Kommission des Reichstags, wie bei den weiteren Verhandlungen entgegengestellt, aber die ganzen Verhandlungen im Reichstage boten das Bild des fortwährenden Zurückweichens der Regierung vor der starken Agitation der Agrarier, vor dem starken Bestreben, die Börse und die Bankwelt in ihren Geschäften einzuengen, und so zog denn die Regierung auch endlich ihren Widerstand gegen die Aufhebung des Termingeschäftes, deren schädliche Wirkung für unsere Volkswirtschaft sie vorausgesehen und vorausgesagt hatte, zurück. In meinen Augen ist das Börsengesetz ein von der augenblicklichen Parteileidenschaft und augenblicklichen Strömungen hervorgerufenes, im vermeintlichen Interesse besonderer Volksklassen erlassenes Gelegenheitsgesetz, wie solche Gesetze ja mehrfach im vorigen Jahrzehnt zu stande gekommen sind.

Meine Herren, ich habe eben bemerkt, daß dieses Gesetz unserem Wirtschaftsleben schweren Schaden bereitet hat. Diese Schädigungen sind von der Regierung voll anerkannt worden. Sie spricht das ganz unumwunden in der Begründung zu dem vorliegenden Gesetzentwurf aus, den sie endlich infolge der dringenden Mahnungen und des ernstlichen Verlangens der von dem Gesetz besonders scharf getroffenen Kreise vorgelegt hat.

Nun, meine Herren, möchte ich mir erlauben, zunächst die Frage aufzuwerfen, was denn die Industrie mit der Börse und dem Bankgeschäft verbindet, welches Interesse sie an diesen beiden Dingen hat. Es ist gestern im Ausschuß und auch früher die Behauptung aufgestellt worden, daß die Industrie an der Börse und an den Geschäften, die dort getrieben werden, überhaupt kein Interesse hätte, und daß es ganz überflüssig und sogar unrecht wäre, wenn der Centralverband sich mit dieser Frage beschäftigte. Nun, meine Herren, auch diese Frage kann ich nicht eingehend erörtern, denn die tausendfachen Beziehungen — — möchte ich fast sagen — in denen die Industrie zu der Börse und dem Bankgeschäft steht, alle hier darzulegen, würde mich außerordentlich weit führen. Nur einen in meinen Augen hauptsächlichsten Gesichtspunkt erlaube ich mir hier zur Sprache zu bringen.

Zur Beantwortung der Frage möchte ich Sie bitten, sich zu vergegenwärtigen, daß Deutschland weit über die erste Hälfte des vorigen Jahrhunderts hinaus infolge seiner unglücklichen staatlichen und politischen Verhältnisse ein armes Land war, daß Gewerbe und Handel weit hinter dem Gewerbe und Handel der anderen westlichen Einheitsstaaten zurückstanden. Freilich befand sich die Landwirtschaft seit den 30er Jahren in einer Periode des Aufblühens, aber an sich in ihrem technischen Betriebe und in ihrem Erfolge stand auch die Landwirtschaft weit hinter der Landwirtschaft der anderen westlichen Staaten zurück.

Meine Herren, als endlich auch in Deutschland durch die bessere Gestaltung der politischen und staatlichen Verhältnisse die Zeit gekommen war, daß auch der deutsche Unternehmungsgeist sich betätigen konnte, daß auch in Deutschland Handel und Industrie in eine aufstrebende Bewegung gelangten, da hatte das deutsche Gewerbe, da hatte der deutsche Handel den Wettbewerb mit anderen Ländern aufzunehmen, die unendlich weiter entwickelt waren, die namentlich unendlich kapitalkräftiger waren. Meine Herren, diese Aufgabe hat der deutsche Handel und das deutsche Gewerbe in glänzender Weise erfüllt; denn sie haben sich nicht nur an die Seite jener Nationen gestellt, sondern sie sind in mancher Beziehung ihnen sogar wesentlich vorausgeeilt. Unser Handel, unser Gewerbe, vor allen Dingen unsere Industrie haben sich großartig entwickelt. Das konnte aber nur geschehen, indem die beschränkten Kapitalien, die in Deutschland waren, aus ihren Schlupfwinkeln hervorgeholt wurden, indem sie zielbewußt und ökonomisch verwendet wurden, daß sie in jedem wirtschaftlich bedeutungsvollen Moment zur Verfügung standen, und daß die verhältnismäßige Geringfügigkeit des deutschen Kapitals durch den schnellen und tatkräftigen Umsatz ergänzt wurde.

Dies zu erreichen, war die Aufgabe des Börsendienstes, und eines der wesentlichsten Hilfsmittel, dessen sich der Börsendienst bei Erreichung dieses Zweckes bedienen konnte, war der Börsenterminhandel. Meine Herren, die gewaltigen Kapitalien, die Deutschland brauchte, um seine gewerblichen Unternehmungen zu errichten und fortgesetzt zu erweitern, um seinen Handel weltumfassend zu gestalten, um seine Eisenbahnen und seine Schiffe zu bauen — der allergrößte Teil dieser Kapitalien trat als Wertpapiere in die Erscheinung. Aber, meine Herren, diese

Wertpapiere wurden erst Geld, wenn sie untergebracht waren, und diese Unterbringung war wiederum Aufgabe der Börse und der an der Börse tätigen Geldkräfte. Meine Herren, aber die großen Banken, die sich an der Börse dieser Aufgabe unterzogen, konnten das große Risiko nicht laufen, diese gewaltigen Summen allein auf die eigenen Schultern so lange zu nehmen, bis es gelänge, sie auf dem Wege der Befriedigung des gewöhnlichen Anlagebedürfnisses im Volke zu verteilen, bis eben durch dieses Anlagebedürfnis diese gewaltige Masse von Effekten absorbiert worden war. Der Weg wäre ein viel zu langsamer gewesen. Wenn man darauf hätte warten wollen, dann freilich wäre unsere Industrie in ihrer Entwickelung sehr wesentlich gehemmt worden. Nein, zur Erleichterung dieses Weges mußten alle, auch die zeitweilig zur Verfügung stehenden Kapitalien der außerhalb der Börse stehenden Kapitalisten herangezogen werden, und das konnte nur in wirkungsvoller Weise auf dem Wege des Börsentermingeschäfts geschehen. Nur so vollzog sich die Möglichkeit, der Industrie die großen Kapitalien zu verschaffen, die sie zu ihrer gewaltigen Entwickelung bedurfte.

Das ist die große Aufgabe, meine Herren, die die Börse und die Bankiers an der Börse zu erfüllen hatten, und sie ist von ihnen geleistet worden. Wenn Sie einzig und allein diese bei der Entwickelung der Industrie geleisteten großen Dienste ins Auge fassen, so werden Sie vielleicht einen gewissen Zusammenhang zwischen den Interessen der Industrie und den Interessen der Börse erkennen.

Nun, meine Herren, wird eingewendet, daß der Industrie auch nach dem Börsengesetz das Geld nicht gefehlt habe. Da möchte ich Sie bitten, die Zeiten zu vergleichen, in denen die Entwickelung der Industrie sich vollzog in diesen letzten wenigen Jahren. Welch' kolossaler Unterschied darin! In der Zwischenzeit ist Deutschland ein reiches, ungemein kapitalkräftiges Land geworden. In der Zwischenzeit sind solche Kapitalien angesammelt worden, daß sie sich leichter und ohne die große Anstrengung der Industrie zur Verfügung stellen. Und dann, meine Herren, hat die Emissionstätigkeit selbst während des Aufschwungs der letzten Jahre doch nicht den Umfang erreicht, wie in den Hausseperioden derjenigen Zeit, in der sich eben unsere Industrie entwickeln und gewissermaßen neu begründen mußte. Das kann ziffernmäßig nachgewiesen werden, daß solche bedeutenden Ansprüche in den letzten Jahren an die Kapitalbeschaffung nicht erhoben worden sind.

Meine Herren, aber außerdem hatte die Börse auch die Aufgabe, für den Staat das Geld zu beschaffen, das er in sehr vielen Fällen gebrauchte, und die Papiere, die der Staat ausgab, zu absorbieren und zu Geld zu machen. Das ist eine so bedeutende Aufgabe, daß ich eigentlich mit Sorge an die Zeit denke, die Gott hoffentlich nicht kommen läßt, in der Deutschland einmal in einen großen Krieg verwickelt werden sollte und dann mit seinen Ansprüchen an eine durch die Gesetzgebung so außerordentlich geschwächte Börse herantreten müßte.

Meine Herren, nach dem Börsengesetz kam nun ein weiteres Gesetz, welches mein Freund Stumpf behandeln wird, und das ist das neue Börsensteuergesetz oder Stempelgesetz, und diese beiden Gesetze wirkten zusammen, um eine große Reihe Schädigungen für unsere Volkswirtschaft herbeizuführen. Als solche Schädigungen möchte ich kurz bezeichnen den Verfall des Zeitgeschäftes, die Ausartung des Kassamarktes, die Zurückdrängung der Kontremine und der Tagesspekulation, sowie den Rückgang des Börsenverkehrs, die Konzentration des deutschen Bankwesens und damit die Vernichtung der mittleren und kleineren Bankgeschäfte, besonders derjenigen in der Provinz, die Vernichtung der Arbitrage, die Auswanderung der Spekulation und eines großen Teiles des deutschen Kapitals, die Bereicherung und Hebung der auswärtigen Börsen auf Kosten der deutschen Börsen und der deutschen Kapitalkraft, die ungünstige Beeinflussung der Reichsfinanzen, endlich, meine Herren, hatte dies Gesetz in Verbindung mit einer verkehrten Rechtsprechung die Zerrüttung von Treu und Glauben im Geschäftsverkehr, die Förderung und den Schutz dessen zur Folge, was man geradezu als Betrug und Schwindel bezeichnen muß.

Meine Herren, ich kann alle diese Punkte, die ich hier bezeichnet habe, nicht ausführlich begründen. Bezüglich einiger dieser Schäden möchte ich aber doch auf einige Spezialien hinweisen.

Deutschland ist ein reiches Land geworden. Damit vermehrt sich auch das Bedürfnis der Kapitalanlage. Meine Herren, wir fahren heute nicht mehr in der Postkutsche, sondern wir fahren in der Eisenbahn, aber die Postkutschen bestehen auch noch. Ich will damit andeuten: es hat alte Formen gegeben, die zur gegebenen Zeit richtig waren und das Beste waren, was zurzeit geboten werden konnte, wir haben aber andere und bessere Formen gefunden. Meine Herren, für die Kapitalanlage gab es in früheren Zeiten nur einen Weg, das war das Hypothekengeschäft. Die Anlage in Hypotheken war die beste und allgemein übliche Kapitalanlage. Aber wer kennt nicht die außerordentliche Schwerfälligkeit dieses Verkehrs, die große Kostspieligkeit, namentlich wenn es gilt, die Anlage zu wechseln, von einer Hypothek zur anderen überzugehen? Heute wird ja auch noch das Anlagebedürfnis sehr viel in Hypotheken befriedigt, aber die übergroße Masse des vorhandenen Kapitals sucht die andere, viel schneller, viel leichter bewegliche Kapitalanlage in Wertpapieren, und, meine Herren, da ist es wieder die Börse, die sich diese Kapitalanlage dienstbar macht und sie ermöglicht.

Ich möchte diejenigen Herren fragen, die so überaus eingenommen sind gegen die Börse, ob sie sich nicht schon sehr häufig wegen ihrer Kapitalanlagen der Börse haben bedienen müssen, und ob sie nicht in zufriedenstellender Weise auch von ihr bedient worden sind und schneller und leichter als auf irgend einem anderen Wege zum Ziel gelangt sind.

Nun, meine Herren, ist doch das Verbot des Termingeschäfts in sehr weitgehendem Maße allen diesen Bestrebungen und allen diesen Geschäften in den Weg getreten. Von dem Verbot, soweit es die Landwirtschaft betrifft, will ich hier nicht weiter lange sprechen; es ist das Verbot des Termingeschäfts in Getreide und Mühlenfabrikaten. Meine Herren, es ist ganz unzweifelhaft, daß namentlich an der Berliner Börse große Mißbräuche vorgekommen sind. Es sind Schwänzen vorgekommen, wie man das im Börsenjargon nennt, die vorübergehend die Preise entweder außerordentlich erhöht oder außerordentlich gedrückt haben. Aber diese Vorkommnisse haben keine nachhaltige Wirkung gehabt, so beklagenswert sie auch sind und so sehr sie auch verurteilt werden müssen. Denn diese außerordentlichen Preisbewegungen durch solche übertriebenen Spekulationen sind immer nur — und das ist unzweifelhaft beobachtet worden — von ganz kurzer Dauer gewesen, auf die große Masse des Verkehrs haben sie keinen Einfluß gehabt, denn bei keinem anderen Artikel steht der Lokalpreis so sehr unter dem Einfluß des Weltmarktpreises, wie gerade beim Getreidehandel. Höchst ungerecht aber war es, diese Taten einzelner zu verallgemeinern und dadurch gleich ein Geschäft aus der Welt zu schaffen, welches tatsächlich sehr große Vorteile gehabt hat. Ich will nur den Vorteil hervorheben, daß im ganzen Deutschen Reiche jeder Landwirt am anderen Tage wußte, zu welchem Preise er sein Getreide verkaufen konnte, und, meine Herren, diese Sicherheit ist für den Landwirt trotz aller künstlichen und komplizierten Manipulationen, Preisfeststellungen zu machen, nicht wieder geschaffen worden.

Es hat sich nach meiner Ueberzeugung in dieser Beziehung ein einzig dastehender Vorgang abgespielt. Die Berliner Börse war die bedeutendste Getreidebörse auf dem Kontinent. Daß eine Regierung gegen ihre Ueberzeugung ihre Hand dazu bot, einen solchen Markt im eigenen Lande fast völlig zu vernichten, das ist beispiellos meiner Ansicht nach in der Geschichte des Verkehrs und wird es auch bleiben.

Meine Herren, ich komme nun zu dem Verbot des Termingeschäftes. Dadurch ist überhaupt das ganze Zeitgeschäft an der Berliner Börse und an den Börsen überhaupt in Deutschland unter der Geltung dieses Gesetzes wesentlich zurückgegangen.

Nur einige kleine Zahlen möchte ich Ihnen nennen, für den Rückgang des Zeitgeschäftes überhaupt, nicht des Börsentermingeschäftes allein. Die Umsätze der Maklerbanken in Berlin verminderten sich in Prozenten, wenn der Umfang des Geschäfts im Jahre 1893 mit 100 angesetzt wird — diese 100 bedeuteten damals 4 Milliarden — nach dem Eintritt des Börsengesetzes sofort auf 47,8 pCt. und waren gesunken bis zum Jahre 1902 auf 38,8 pCt. Bei der Maklerbank in Hamburg, die im Jahre 1893 einen Umsatz von 886 Millionen hatte — diesen Betrag als 100 pCt. angenommen — verminderte sich das Zeitgeschäft im Jahre 1897 nach Einführung des Gesetzes auf 54,9 pCt. und war gesunken im Jahre 1902 auf 27,9 pCt.

Auf der anderen Seite, meine Herren, ist das Kassageschäft in außerordentlichem Maßstabe gewachsen. Auch dafür erlaube ich mir, Ihnen einige Zahlen zu nennen und die höchsten Zahlen möchte ich Sie bitten, für eine kleine Zeit in Erinnerung zu behalten. Es werden Ihnen dann einige Vorgänge, die ich erwähne, klarer werden.

Meine Herren, die beiden Maklerbanken in Berlin hatten 1893 ein Kassageschäft von 6,4 Millionen, 1894 von 7,2 Millionen, 1895 6,6 und 1896 6,9 Millionen. Dann trat das Börsengesetz in Kraft. Im Jahre 1897 stieg sofort das Kassageschäft auf 563 Millionen, im Jahre 1898 auf 536 Millionen, im Jahre 1899 auf 1051,8 Millionen, 1900 auf 1355,5 Millionen, sank dann natürlich während der Krisis plötzlich 1901 auf 320 Millionen und ist 1902 auf 198 Millionen zurückgegangen.

Sie sehen also eine kolossale Steigerung des Kassageschäftes in den beiden Jahren der Hochkonjunktur, in den beiden Jahren 1899 und 1900 auf 1051 Millionen und auf über 1¼ Milliarde.

Das Kassageschäft von acht Banken allein in Bergwerks- und Fabrikpapieren stieg von 1893, wenn wir 100 pCt. zu Grunde legen, im Jahre 1897 auf 421 pCt., im Jahre 1899 auf 890 pCt., im Jahre 1900 auf 851 pCt.

Meine Herren, das Kassageschäft — es liegt schon im Namen — erfordert Geld und sehr viel Geld; diejenigen, die es nicht haben, können dieses Geschäft nicht betreiben. So kam es, daß im Zusammenwirken auch mit dem hohen Stempel eine sehr große Anzahl von kleinen Privatbankiers, namentlich aber die Banken in der Provinz solche Geschäfte nicht betreiben konnten. Denn, meine Herren, die großen centralisierten Banken — das wird Ihnen allen in Erinnerung sein — erhöhten ihre Kapitalien Schlag auf Schlag, und damit konnten die

Provinzbanken nicht konkurrieren. Hierin lag einer der wesentlichen Umstände dafür, daß das Bankenwesen sich mehr und mehr konzentrierte, was jedenfalls keine wünschenswerte Erscheinung ist. Denn, meine Herren, das hat auch die Regierung in ihrer Begründung zu dem Stempelsteuergesetz in den 90er Jahren hervorgehoben, der Privatbankier ist ein sehr nützliches Glied, weil er die Kreditverhältnisse in seinem Orte viel richtiger zu beurteilen weiß, als der große Bankier in der Hauptstadt oder an den hauptsächlichsten Börsenplätzen, und weil er viel geeigneter ist, nach persönlichen Rücksichten und nach seiner persönlichen Bekanntschaft einzuspringen und eventuell Hilfe zu leisten und andererseits einer übermäßigen Anspannung des Kredits entgegenzuarbeiten. Dann, meine Herren, ist der Privatbankier in der Provinz sehr vielen Leuten ein treuer, aufrichtiger und hilfreicher Berater, wenn es sich um die Verwaltung der Vermögen, um die Anlage von Kapitalien handelt, viel besser geeignet, als der Beamte der großen Bank, welche Kategorie von Beamten ja einem steten Wechsel unterworfen ist.

Die von dem Verbot des Terminhandels getroffenen Wertpapiere bilden den größten und bedeutendsten Teil derselben. Das sich danach entwickelnde Kassageschäft hat in der letzten Periode des Aufschwungs und Niederganges gezeigt, daß die Kursschwankungen viel größer und viel unvermittelter waren als früher bei der Herrschaft des Terminhandels. Meine Herren, ich werde mir erlauben, Ihnen gleich einige Zahlen vorzuführen, die das beweisen.

Wie kommt es, daß beim Kassageschäft die Kursschwankungen um soviel größer werden als früher beim Termingeschäft? Das kommt daher, weil eine aus dem ganzen Geschäftsverkehr der Börse hervorgehende Art der Spekulanten, die sogenannte Kontremine, vollständig ausgeschieden ist. Früher, als das Termingeschäft im Betrieb war, gab es immer, bei der Hausse wie bei der Baisse, eine Reihe von Geschäftsleuten an der Börse, die von den allgemeinen Verhältnissen eine andere Meinung hatten als die große Masse. Sie schlossen daher entgegengesetzte Geschäfte, und diese den anderen entgegengesetzten Geschäfte wirkten wie eine Bremse auf die Kursbewegung. Wem die Bedeutung der Kontremine nicht gegenwärtig sein sollte, der wird sie vielleicht erkennen und begreifen, wenn er sich erinnert, wie bei dem plötzlichen, unerwarteten Ausbruch des ostasiatischen Krieges sämtliche Werte an unserer Börse, auch solche, die mit der Sache gar nichts zu tun hatten, förmlich herunterstürzten und kolossale Vermögen verloren gegangen sind. Wenige Tage darauf hörte diese Bewegung auf. Aber sicher, wenn eine Kontremine noch in Wirksamkeit gewesen wäre, so würde dieses kopflose Angebot wirklich guter Papiere, welches den außerordentlichen Sturz hervorrief, nicht die verheerende Wirkung gehabt haben.

Meine Herren, ein anderer Faktor, der an der Börse tätig war, ist die kleine Spekulation, die sogenannte Coulisse. Es sind das diejenigen kleinen Banken und Bankiers in der Provinz und an den Börsenplätzen selbst, die in Ausnutzung der kleinen Kursschwankungen an einem Tage von einer Stunde zur anderen und von heute zu morgen Geschäfte machen, um durch diese schnellen Umsätze Gewinne aus den kleinen Kursschwankungen zu ziehen. Verächtlich wird dieses Geschäft gewöhnlich Jobberei genannt, meine Herren, und dennoch hat dies Geschäft eine außerordentlich große Bedeutung gehabt; denn in seiner Gesamtheit war dies Geschäft sehr groß, und in den Händen der Coulisse befand sich eine solche Masse Geld und Vorrat an Papieren, daß aus der Coulisse das Bedürfnis des Verkehrs ohne große Treiberei der Kurse oder großes Sinken der Kurse befriedigt werden konnte. Außerdem aber wirkten diese massenhaften kleinen Spekulanten auf die Kursschwankungen des Tages auch ausgleichend, so daß diese großen Kursschwankungen vermieden wurden.

Diese kleine Spekulation ist natürlich durch das Verbot des Termingeschäftes — denn das waren alles Termingeschäfte — in Zusammenwirkung mit dem Stempelgesetz aus der Welt geschafft worden. Als ganz besonders nachteilig hat sich das gezeigt für den Umsatz unserer Staatspapiere, denn die können ja nur einen ganz kleinen Verdienst bei dem Umsatz gewähren, mit dem sich diese Spekulation begnügte, und wenn jetzt, meine Herren, Staatspapiere umgesetzt werden, ist das viel schwieriger und es ist größeren Wertschwankungen unterworfen.

Meine Herren, es ist ziffernmäßig nachgewiesen worden, daß in der letzten Hausse, deren stürmischer Charakter nur durch die außerordentlich große Beteiligung des Privatpublikums erklärt werden kann — ich erinnere Sie an die großen Zahlen, die ich Ihnen vortrug, zu denen das Kassageschäft in den Jahren 1899 und 1900 angewachsen war — daß bei dieser großen Hausse und dem darauf folgenden Sturz sich Kursschwankungen ergeben haben, die man wirklich als unerhört bezeichnen könnte. Wenn Sie annehmen, daß z. B. im Jahre 1900 die Differenz zwischen dem höchsten und dem niedrigsten Kurs bei Bochumer Gußstahl 116,40, bei Consolidation 111,60, bei den Harpener 77,80, bei Laurahütte 98 pCt. betrug, wenn Sie sehen, daß beim Kölner Bergwerksverein in demselben Jahre die Differenz zwischen dem höchsten und dem niedrigsten Kurs 176, bei König Wilhelm 145, bei Schalke sogar 490 pCt. betrug, denn der höchste Kurs war 800 und der niedrigste 310, so werden Sie mir Recht geben, daß das Schwankungen sind, die man als ungeheuerlich bezeichnen kann.

Meine Herren, dagegen möchte ich mir erlauben, Ihnen die Bewegung der Kurse an einigen Papieren hervorzuheben, in denen noch der börsenmäßige Terminhandel gestattet ist, das sind unsere großen Banken. Da ist die größte Differenz, die im Jahre 1901 stattgefunden hat, 35,65 pCt., es folgen dann 32,95 — 28,50 — 21,85 — 27,75 — 16,75 und 22,50 pCt.; von den unerhörten Kursschwankungen, wie sie im Kassageschäft bei den Industriepapieren vorgekommen sind, ist hier nicht die Rede.

Meine Herren, mit dem Verbot des Terminhandels sollte ein moralischer Zweck verbunden werden, es sollte dadurch das Privatpublikum abgehalten werden von der Spekulation an der Börse. Um diesen Erfolg aber sicherer zu erreichen, als durch das einfache Verbot, wurde das Börsenregister eingeführt. In dieses Register sollte sich jeder eintragen lassen, der Spekulationsgeschäfte an der Börse machen wollte gegen eine einmalige Gebühr von 150 M. — die Agrarier hatten 500 M. vorgeschlagen, um dieser Gebühr so recht den Charakter einer Spielsteuer beizulegen — und eine jährliche Abgabe von 25 M. Wenn nicht beide Teile, die ein Geschäft abschließen, in das Börsenregister eingetragen waren, so sollte das Geschäft nicht rechtsgültig sein, sollte aus diesem Geschäft ein Schuldverhältnis nicht gebildet werden können.

Meine Herren, dies Experiment mit dem Börsenregister hat vollständig Schiffbruch erlitten. Wer konnte erwarten, daß eine sehr große Zahl außerordentlich respektabler, außerhalb der Börse lebender Personen, die nach ihrer ganzen Lage vollständig befähigt sind, das ganze Geschäft zu beurteilen, wenn sie an der Börse Geschäfte schließen, die aber sehr häufig auch durch ihre ganze Vermögenslage gezwungen sind, an die Börse zu gehen, wie ich mir erlaubt habe, das schon auszuführen, wer konnte erwarten, daß diese Personen sich in ein Register eintragen lassen würden, das von vornherein mit dem Makel des Spielregisters behaftet war. Das fiel keinem Menschen ein. Von seiten des Privatpublikums unterblieb also die Eintragung in das Börsenregister, und infolgedessen hatte auch der Provinzialbankier, der im Gegensatz zu den großen Banken an den großen Börsenplätzen hauptsächlich das Geschäft mit dem Privatpublikum betreibt, gar keine Veranlassung, sich in das Börsenregister eintragen zu lassen. Wenn er hinfort mit einem Privatmann Geschäfte machen wollte, so mußte er das in seinem Vertrauen auf Treu und Glauben tun, denn der Privatmann ließ sich nicht in das Börsenregister eintragen, und jedes Geschäft, das er abschloß, war ungültig vor dem Recht. Also der Provinzialbankier ließ sich nicht eintragen, und infolgedessen fiel auch für die großen Banken an den Hauptplätzen das Bedürfnis eigentlich weg, sich eintragen zu lassen. Von Anfang waren die großen Banken auch ägriert über diese Zumutung und verweigerten auch die Eintragung in das Börsenregister. Diese Stellung haben die großen Banken allmählich aufgegeben, aber, meine Herren, der Erfolg des Börsenregisters ist doch ein außerordentlich geringer.

Im Jahre 1903, also im vorigen Jahre, waren in das Börsenregister im ganzen Deutschen Reiche nur 309 Eintragungen, davon waren 224 Banken, 25 Fondsmakler und 30 andere. Wenn wir von Hamburg absehen, wo sich die Verhältnisse anders gestaltet haben, weil die Hamburger Maklerbank mit keinem Uneingetragenen Geschäfte macht — das hat zur Folge gehabt, daß in Hamburg 111 Eintragungen stattgefunden haben — so sind im ganzen übrigen Deutschen Reiche von anderen Personen als Banken und Maklern nur eingetragen gewesen im Jahre 1898: 8, 1899: 6, 1900: 6, 1901: 22, 1902: 18, 1903: 16.

Meine Herren, ich glaube, mein Ausdruck ist nicht zu stark gewesen, daß das Börsenregister vollständig, wie man sich ausdrückt, Fiasko gemacht hat. Der moralisierende Zweck des Gesetzes ist ganz verfehlt. Wer mit offenen Augen durch das Leben geht und sehen will, der wird nicht leugnen können, daß das Privatpublikum nach wie vor an der Börse spekuliert. Wer Geld hat, spekuliert am Kassamarkt, wer keins hat, spekuliert in Wertpapieren, und da die besten und sichersten Wertpapiere der Spekulation für diejenigen, die kein Geld haben, entzogen sind, so wird in schlechten Papieren spekuliert, es wird in auswärtigen Papieren spekuliert, in Goldshares beispielsweise, die schon zu 20 M. die Aktie zu haben sind. Und, meine Herren, in diesen Spekulationen ist außerordentlich viel gutes deutsches Geld in das Ausland gegangen und verloren worden.

Meine Herren, für diese Behauptung, daß die Spekulation und deutsches Geld auswandert infolge des Börsengesetzes, möchte ich mir erlauben, Ihnen ein paar Zahlen anzuführen. Zunächst aber möchte ich zeigen, in welchem Umfange das deutsche Geschäft durch den Rückgang der Aufträge von außen geschädigt worden ist. Zwölf an den drei deutschen Hauptbörsenplätzen ansässige Bankfirmen hatten 1893 im Arbitragegeschäft Aufträge für 521 Millionen und im Jahre 1902 nur für 73 Millionen M. Eine andere Aufstellung zeigt den Rückgang der Aufträge von außen bei sieben Banken in Prozenten, das Jahr 1893 = 100 gerechnet, wie folgt: 1893 = 100, 1895 = 127,8, 1897 — nach Einführung des Börsengesetzes — 67,6, 1900 = 53,7, 1901 = 47,5 pCt. Meine Herren, nun aber die von Deutschland an die ausländischen Börsen gegebenen Aufträge. Der Betrag dieser Aufträge ist nicht angegeben; ein deutliches Bild geben aber die Beiträge der von deutschen Banken und Bankiers an ausländische Häuser gezahlten Provisionen. 14 Banken hatten, wenn wir die Zahl des Jahres 1893 wieder mit 100 pCt. annehmen, in Prozenten ausgedrückt im Jahre 1899 = 1243, 1900 = 1187 und im Jahre 1901 = 1249, im Jahre 1902 = 930 pCt.

Also, meine Herren, hier kommt die interessante Tatsache hervor, daß selbst bei dem Niedergang im Ausland fortspekuliert wurde, denn es ist da nur eine verhältnismäßig geringe Abnahme zu bemerken.

105 deutsche Banken und Bankiers in der Provinz hatten Aufträge an das Ausland erteilt, 1893 für 37¼ Millionen, 1902 für 103 Millionen — also mehr 276,4 pCt. Zur Beurteilung der im Auslande stattfindenden Spekulation dient auch folgende Tatsache: 149 Banken und Bankiers hatten für ihre Kunden im Ausland Depots liegen, im Jahre 1893 = 153½ Millionen, im Jahre 1902 = 454 Millionen. 18 große Banken hatten für eigene und fremde Rechnung im Auslande Depots liegen, im Jahre 1893 = 136,8 Millionen, im Jahre 1902 = 608,3 Millionen, also viereinhalb mal soviel.

Meine Herren, um nach dem Verbot des Terminhandels der verderblichen Geschäftsstockung zu entgehen, hatten sich große Banken vereinigt, um eine andere Geschäftsform in ganz loyaler Weise für den Abschluß ihrer Geschäfte zu finden. Es wurde besonders das von der Darmstädter Bank eingeführte „handelsrechtliche Lieferungsgeschäft" angewendet. Meine Herren, der Gesetzgeber hat, als er das Börsengesetz erließ, mit vollständiger Absicht — und die ist mehrfach in den Motiven und bei den Verhandlungen ausgesprochen — eine vollständige Definition des Börsentermingeschäftes im § 48 gegeben. Wer trotz des Verbotes Börsentermingeschäfte oder Termingeschäfte auf Spekulation machte, wurde nicht strafbar; diese Geschäfte wurden auch nicht nichtig, es war nur gesetzlich bestimmt, daß sie nicht an der Börse nach dem Börsenreglement abgeschlossen werden konnten, und es durfte für solche Geschäfte auch kein Kurszettel ausgegeben werden. Im übrigen konnte jeder spekulieren, soviel er wollte.

Meine Herren, durch eine Entscheidung des Reichsgerichts vom 28. Oktober 1899 wurde dieses von der Darmstädter Bank eingeführte handelsrechtliche Lieferungsgeschäft für ungültig erklärt, meine Herren, trotzdem dieses Geschäft in wesentlichen, nicht in unwesentlichen Punkten von der Definition, die im Gesetz für das Börsentermingeschäft gegeben war, abwich. Das Reichsgericht war aber noch weiter gegangen. Durch Urteil vom 1. Dezember 1900 hatte es ein auf

Schlußschein abgeschlossenes handelsrechtliches Lieferungsgeschäft auf Kurse nach § 50, Abs. 2 des Börsengesetzes als verboten und nach § 134 des B. G. B. als unklagbar und nichtig erklärt. Also es hatte sich damit eigentlich durch die Nichtigkeitserklärung in Gegensatz zu dem Börsengesetz gebracht. Damit war auch dem börsenmäßigen Lieferungsgeschäft in Waren, also auch dem in Getreide, der Rechtsboden entzogen worden. Meine Herren, da bemächtigte sich die Sorge auch der Landwirtschaft, und dieser Sorge für die Gefährdung der börsenmäßigen Lieferungsgeschäfte gab damals am 20. Dezember 1901 einer der hauptsächlichsten Führer der Agrarier, der Abgeordnete Gamp, im Reichstag Ausdruck. Das Reichsgericht war von der Annahme ausgegangen, daß das Gesetz, § 48, auch auf solche Geschäfte anzuwenden sei, von denen anzunehmen ist, daß der Gesetzgeber sie hatte treffen wollen und ausdrücklich getroffen haben würde, wenn er ihre Einkleidung in eine andere Rechtsform als diejenige, die er formuliert hatte, vorausgesehen haben würde. Das heißt, das Reichsgericht hat die Frage nicht nur geprüft, sondern auch entschieden, was der Gesetzgeber getan haben würde, wenn er etwas vorausgesehen haben würde, was er eben nicht vorausgesehen hat; das Reichsgericht hat also eine Korrektur des Gesetzes vorgenommen, es hat, um die Wirksamkeit des Gesetzes in seinem Sinne zu sichern, alle Spekulation auf Zeit den Börsentermingeschäften gleichstellt. Damit hatte es das gesamte Zeitgeschäft dem Registereinwand preisgegeben. Es wurden eben sehr viele Geschäfte mit nicht eingetragenen Personen geschlossen in der Annahme, daß Treu und Glauben noch walte. Weite juristische Kreise sind der Ansicht, daß das über die Funktion des Richters hinausgehe.

Meine Herren, neben dem Registereinwand, den ich erst mir erlaubt habe, Ihnen klarzustellen, besteht noch der Differenzeinwand, der sich stützt auf § 764 des B. G. B., der die Spielgeschäfte als nichtig ansieht. Dieser Paragraph ist von den Juristen für monströs erklärt worden, darauf kann ich aber nicht näher eingehen. Ich möchte nur mitteilen, daß dieser Paragraph in letzter Stunde gegen die Warnungen der Regierung in das B. G. B. aufgenommen worden ist. Der Differenzeinwand ist von den Gerichten aus der irrtümlichen Vorstellung entwickelt worden, daß das Börsentermingeschäft nur ein auf Erzielung einer Differenz gerichtetes Spiel sei. In diesem Sinne war der § 764 des B. G. B. entstanden. Das ist aber nur in solchen Fällen möglich, wo ein unredlicher Makler solche Geschäfte abschließt, in denen Gewinn und Verlust nur auf dem Papier gebucht werden. In Wirklichkeit, nach den Regeln an der Börse, darf und wird kein Geschäft anders abgeschlossen, als unter der Bedingung, daß der Käufer zahlt und der Verkäufer liefern muß. Die Besonderheit des Börsenzeitgeschäftes besteht nur in dem ihm eigentümlichen Begleichungsmodus, vermöge dessen Zahlungen und Lieferungen nur insofern stattfinden, als die getätigten Abschlüsse sich nicht im Wege des von der Liquidationsstelle besorgten Abrechnungsverfahrens ausgleichen, d. h. gegen einander aufgerechnet werden können. Ich habe für solche Berechnung hier ein Beispiel, das Sie sich ansehen können; es ist ganz interessant. Die Gleichstellung dieser Geschäfte mit den Spiel- und Wettverträgen widerspricht den Tatsachen. Das habe ich mir schon erlaubt, Ihnen darzulegen.

Die nächste Folge der Rechtsprechung des Reichsgerichts war, daß alle Vormünder und Konkursverwalter für alle Zeitgeschäfte bis zum 1. Januar 1897 zurück alle Verlustschulden mit Erfolg anfochten, ungeachtet aller in der Zwischenzeit von dem Schuldner anerkannten Kontokorrente; selbst die Provisionen wurden zurückgefordert, obgleich der Schuldner jahrelang den Kredit des Bankiers in Anspruch genommen hatte.

Dies geschah in Vertretung solcher Personen, die niemals daran gedacht haben würden, den Einwand zu erheben bezw. sich ihrer Verpflichtungen zu entziehen.

Durch diese Rechtsprechung in Verbindung mit dem § 764 des B. G. B. ist auch da, wo der Registereinwand nicht anzuwenden war, also auf dem reinen Kassenmarkte, und sogar „nach vollständiger Abwickelung" auch auf dem Terminmarkt dem unehrlichen Schuldner Gelegenheit gegeben, durch den sogenannten Differenzeinwand, der volle 30 Jahre nach dem Geschäftsabschluß noch erhoben werden kann, sich seiner Verpflichtungen zu entziehen und den Bankier betrügen. Die Kontokorrente werden ruhig anerkannt, die Kredite weiter benutzt, Gewinne eingestrichen, alles mit dem Hintergedanken der späteren Anfechtung. Von diesem Differenzeinwand ist reichlich Gebrauch gemacht worden von Männern aller Stände, selbst von Bankiers gegen ihre Standesgenossen. Treu und Glauben im Handel sind untergraben, der deutsche Handel im Auslande diskreditiert worden. Wo das Börsengesetz sich die Aufgabe stellte, durch Einschränkung der Spekulation die Moral zu fördern, hat es das Ziel nicht erreicht, auf anderen Gebieten aber, wie hier soeben dargelegt, die Moral tief untergraben.

Auch an diesen Verhältnissen wird vielleicht erkannt werden, daß ein Zusammenhang zwischen den Interessen der Industrie und der Börsengesetzgebung besteht.

Alle von mir erwähnten, durch das Börsengesetz geschaffenen Mißstände kann ich hier nicht eingehend behandeln; jedem größeren Geschäftsmann, der den Vorgängen im öffentlichen Leben nur einige Aufmerksamkeit zuwendet, werden sie bekannt sein. Im übrigen werden sie alle von der Regierung in der Begründung des neuen Gesetzentwurfes unumwunden anerkannt.

Die heftigen Klagen und Beschwerden der Geschäftswelt veranlaßten die Regierung im Jahre 1901, den Börsenausschuß zu berufen. Er sprach sich mit großer Mehrheit für die Beseitigung des Börsenregisters und für die Aufhebung des Verbotes der Börsentermingeschäfte aus.

Nach langem Zögern legte die Regierung endlich diesem Reichstage einen die Abänderung des Börsengesetzes betreffenden Gesetzentwurf vor. Er bezieht sich nur auf den das Börsentermingeschäft behandelnden Abschnitt IV. Die sonstigen Bestimmungen über die Börsenaufsicht, das Maklerwesen, das Kommissionsgeschäft und die Zulassung von Wertpapieren zum Börsenhandel sind unberührt geblieben.

Aber auch die grundlegenden Bestimmungen des Abschnitts IV, das Börsenregister und das Verbot des Börsenterminhandels in gewissen Waren und Effekten will die Regierung nicht antasten. Die Bestimmungen des Gesetzes sollen nur nach einigen Richtungen gemildert und der vernichtenden Wirkung der sonderbaren Rechtsprechung des Reichsgerichts vorgebeugt werden. Die Begründung unternimmt es nicht, diese Bestimmungen irgendwie zu rechtfertigen. Ueber die Frage, wieso sie den Beschluß des Börsenausschusses nicht ausführt und diese Bestimmungen nicht aufhebt, geht sie mit der zwar sehr bequemen, aber selten so wenig wie hier begründeten Redensart hinweg, „daß die bisherigen Erfahrungen nicht ausreichten, um eine durchgreifende Reform zu rechtfertigen".

Die Gründe für dieses Verhalten sind allgemein bekannt, sie liegen in der Besorgnis, bei den Agrariern Anstoß zu erregen. Die Regierung glaubt mehr nicht erreichen zu können, und weil sie sich nicht einmal die Stärke zutraut, ein Kompromiß zu schließen, begibt sie sich von vornherein jedes Mittels, ihn zu erreichen und fordert nur das Geringste von dem, was im Interesse der deutschen Volkswirtschaft gefordert werden muß.

Meine Herren, ich gestehe jedoch unumwunden zu, daß die Vorschläge der Regierung wohl geeignet sind, den jetzigen heillosen Zustand erheblich zu bessern.

Bezüglich des Börsenregisters ist die hohe Eintragungsgebühr auf 25 und 10 M. ermäßigt.

Jetzt kann der Registereinwand gegen jedes Geschäft erhoben werden, wenn nicht beide Teile in das Börsenregister eingetragen sind. Nach § 67a des Entwurfes soll der Eingetragene in Zukunft Rechtsschutz genießen gegenüber nicht in das Börsenregister eingetragenen Personen und zwar

1. gegenüber allen in das Handelsregister eingetragenen Kaufleuten,
2. gegenüber denen, die berufsmäßig Börsen- oder Bankgeschäfte betreiben oder betrieben haben,
3. gegenüber denen, die eine Börse nicht nur vorübergehend besucht haben.

Diese Bestimmungen sind insofern durchaus ungenügend, weil sie nur demjenigen, der gewerbsmäßig Börsengeschäfte betreibt, das Recht entzieht, den Registereinwand zu erheben. Das müßte geschehen auch mit Bezug auf die große Masse von Personen, die gewohnheitsmäßig Börsengeschäfte betreiben, die daher infolge ihrer vollkommen ausreichenden Geschäftskenntnis und ihrer Vermögensverhältnisse voll verantwortlich für ihre Handlungen gemacht werden können und des Schutzes nicht bedürfen. Ich erinnere nur an die große Klasse der Rentner, die gewohnheitsmäßig Börsengeschäfte betreiben.

Die Regierung sagt in der Begründung, „die Erhebung des Registereinwandes sei mit den Grundsätzen von Treu und Glauben, auf denen der ganze Handelsverkehr beruhe, nicht vereinbar und es erscheine auch im Interesse des nationalen Ansehens unserer Kaufmannschaft bedenklich, eingetragenen Kaufleuten eine Handhabe zu gewähren, um sich eingegangenen Verpflichtungen zu entziehen.“

Damit erscheint der Registereinwand überhaupt verurteilt, dennoch soll das gesamte Privatpublikum das Recht behalten, ihn zu erheben. Freilich will die Regierung mit dem Entwurf nur dem Uebermaße der Rechtsunsicherheit, also dieser selbst nicht entgegentreten.

Der Registereinwand kann, wie ich bereits bemerkte, noch 30 Jahre nach dem Geschäftsabschluß erhoben werden, das soll nach § 68a des Entwurfes eingeschränkt werden. In Zukunft soll der Schuldner, wenn er von dem Einwand Gebrauch machen will, „dies binnen 6 Monaten erklären, nachdem ihm der andere Teil schriftlich das Ergebnis der Abwickelung des Geschäftes zugestellt hat. Hat der Schuldner schriftlich und ausdrücklich seine Verpflichtung, etwa durch Unterschrift des Kontokurrents, anerkannt, so soll er den Einwand überhaupt nicht mehr erheben können.“

Das Gesetz bringt aber noch weitere Erleichterungen. Nach § 68b Abs. 2 sollen die dem Schuldner zustehenden Einreden den Gläubiger nicht hindern, seine Förderungen gegen Forderungen des Schuldners aus anderen Börsentermingeschäften aufzurechnen.

Noch wichtiger ist Abs. 3 des § 68b. Er bestimmt, daß die Bestellung von Sicherheiten (Depots), im Gegensatz zum geltenden Recht, wirksam sein soll. Es ist jedoch schriftlich zu erklären, daß die Sicherheit zur Deckung von Verlusten aus Börsengeschäften dienen soll und, wenn die Sicherheit aus Wertpapieren besteht, müssen diese nach Gattung und Zahl angegeben werden.

Dem die Begriffsbestimmung des Börsentermingeschäftes enthaltenden § 48 ist ein zweiter Absatz zugefügt worden, der bestimmt, daß als Börsentermingeschäfte solche Warengeschäfte nicht gelten sollten, die nach gewissen, vom Bundesrat genehmigten Bedingungen abgeschlossen seien, vorausgesetzt, daß als Abschließende nur solche Personen oder Genossenschaften auftreten, die die betreffenden Waren entweder erzeugen, oder verarbeiten oder gewerbsmäßig umsetzen.

Durch diese Bestimmung soll die ominöse Wirkung des Urteils des Reichsgerichts vom 28. Oktober 1899 auf das Lieferungsgeschäft der Warenbörsen, das die Regierung selbst in der Begründung als „volkswirtschaftlich unentbehrlich" bezeichnet, behoben werden. Diesen Geschäften wird der Rechtsboden einigermaßen wieder gegeben, aber nicht ganz.

Der Differenzeinwand gemäß § 764 des B. G. B. bleibt bestehen, soweit er nicht durch die Bestimmungen über den Registereinwand in den §§ 67a und 69 Abs. 2 des Entwurfes außer Wirksamkeit gesetzt wird. Diese Bestimmungen beziehen sich aber nur auf Börsentermingeschäfte. Bei dem Zeit- und Lieferungsgeschäft an der Produktenbörse wird der Differenzeinwand in gewissen Beziehungen auch ferner zulässig sein. Diesen Geschäften wird daher die erwünschte rechtliche Grundlage nicht im vollen Umfange gewährt.

Damit nicht auf Grund des Differenzeinwandes die gestellten Sicherheiten zurückgezogen werden könnten, werden in § 69 Abs. 3 des Entwurfes dem Differenzeinwand, soweit er gegen Börsentermingeschäfte erhoben wird, dieselben Beschränkungen wie dem Registereinwand auferlegt.

Hieraus ergibt sich die folgende eigentümliche Lage, nach der zwei Arten von Differenzeinwänden unterschieden werden können.

1. Solche, die gegenüber einem Börsentermingeschäft erhoben werden können. Diese unterliegen denselben Beschränkungen, wie der Registereinwand; sie müssen binnen 6 Monaten erhoben werden; Sicherheitsstellung ist zulässig.

2. Differenzeinwände, die gegenüber einem anderen Geschäft, z. B. einem vom Bundesrat genehmigten Lieferungsgeschäft in Getreide erhoben werden, diese können 30 Jahre lang geltend gemacht werden. Sicherheitsgestellung ist unwirksam.

Das sind im großen und ganzen die Bestimmungen des Entwurfes. Ich glaube, es dürfte zweckmäßig sein, noch in kurzen Zügen darzustellen, welches die Wirkungen dieser Bestimmungen sein würden.

In dieser Beziehung möchte ich zunächst die hauptsächlichste, tiefeingreifende Aenderung des jetzigen Zustandes hervorheben.

Nach dem bestehenden Börsengesetz § 66 und den weitergehenden Entscheidungen des Reichsgerichts wird durch ein Börsentermingeschäft, wenn nicht beide Parteien in das Börsenregister eingetragen sind, ein Schuldverhältnis nicht begründet. Das Geschäft ist nichtig und kann auch nicht durch Sicherheitsstellung oder Schuldanerkenntnis wirksam gemacht werden. Was auf Grund des Geschäftes geleistet worden ist, kann noch binnen 30 Jahren zurückgefordert werden. Ausgenommen ist lediglich eine Rückforderung dessen, was bei oder nach völliger Abwickelung des Geschäftes zu seiner Erfüllung geleistet worden ist. Bei den sogenannten verbotenen Termingeschäften gemäß § 51 gilt nach der Rechtsprechung des Reichsgerichts selbst diese Ausnahme nicht.

Im vollen Gegensatz hierzu geht der Entwurf von der Gültigkeit der Börsentermingeschäfte, auch der in § 51 ausgeschlossenen, aus und gewährt dem Schuldner nur eine Einrede. Es ist dem Schuldner überlassen, ob er diese nicht als ehrenhaft geltende Einrede erheben will. Unterläßt er es, so ist er zu verurteilen, ohne daß zur Klagebegründung der Nachweis erforderlich ist, daß er im Börsen- oder Handelsregister eingetragen war.

Kommt der Schuldner seiner Verpflichtung nach, so hat er eine rechtswirksame Verpflichtung erfüllt und kann das Geleistete nicht zurückfordern.

Ferner: Erkennt der Schuldner nach Empfang der Mitteilung über das Ergebnis der Abwickelung seine Verbindlichkeit an, so kann er den Einwand, daß es sich um Börsentermingeschäfte gehandelt habe, später nicht mehr erheben; nur verlangt der Entwurf ein schriftliches und ausdrückliches Anerkenntnis.

Für die Forderungen aus einem solchen Geschäft kann mit Rechtswirksamkeit Sicherheit geleistet werden, aus welcher sich der Gläubiger befriedigen kann; auch kann der Gläubiger seine Forderung gegen Forderungen des Schuldners aus anderen Termingeschäften aufrechnen.

Der Einwand, daß es sich um Börsentermingeschäfte handle, soll endlich auch ausgeschlossen sein, wenn nicht der Schuldner vor dem Ablaufe von 6 Monaten dem Gläubiger gegenüber die Weigerung, das Geschäft zu erfüllen, erklärt hat.

Das sind gegenüber dem jetzigen Zustande sehr wesentliche Verbesserungen.

Die Hauptsache ist, daß in Zukunft die Börsentermingeschäfte nicht mehr als verboten, gesetzwidrig und den guten Sitten zuwiderlaufend charakterisiert und als nichtig behandelt werden, sondern daß nur Personen, welche die Gefährlichkeit solcher Geschäfte nicht recht zu beurteilen vermögen, durch die ihnen gewährte Einrede einen Rechtsschutz erhalten, falls sie nicht durch die Eintragung in das Börsenregister diesen Rechtsschutz ausdrücklich ablehnen.

Diese Aenderungen werden voraussichtlich genügen, um die so verhängnisvoll erschütterte Rechtssicherheit wieder herzustellen. Der frivolen Verletzung von Treu und Glauben in Handel und Verkehr war durch das Börsengesetz und die Rechtsprechung gesetzlicher und rechtlicher Schutz gewährt. Dieser unerhörte Zustand wird in wesentlichen Punkten, aber leider nicht vollkommen beseitigt werden.

Dieser Tendenz des Entwurfes entspricht es, daß er in den Uebergangsbestimmungen die neuen Vorschriften für die Börsentermingeschäfte auch auf die vor dem Inkrafttreten des neuen Gesetzes geschlossenen Geschäfte anwendet. Es sollen jedoch Schuldanerkenntnisse und Sicherheitsbestellungen nur dann wirksam sein, wenn sie nach dem Inkrafttreten des Gesetzes erfolgt sind. Diese Beschränkung der rückwirkenden Kraft des Gesetzes ist zu bedauern.

Die durch das Verbot des Börsenterminhandels in gewissen Waren und Effekten für unsere gesamte Volkswirtschaft herbeigeführten tiefen Schädigungen glaube ich genügend erwiesen zu haben. Sie werden von der Regierung selbst in der Begründung des Entwurfes voll anerkannt. Sie werden auch bereits von maßgebenden Parlamentariern anerkannt. Der Abgeordnete Freiherr von Zedlitz z. B. hat sich für die Aufhebung des Verbotes ausgesprochen. Ich glaube daher, dem Bedauern darüber Ausdruck geben zu sollen, daß die Aufhebung des Verbotes, die auch der Börsenausschuß beantragt hatte, im Gesetzentwurf nicht ausgesprochen ist. Die Regierung hätte die Aufhebung um so mehr beantragen können, da der § 50 des Gesetzes dem Bundesrat die Befugnis einräumt, den Börsenterminhandel in einzelnen Wertpapieren nach Bedürfnis zu untersagen.

Ich glaube auch bedauern zu müssen, daß der Entwurf die durch dies Gesetz in Verbindung mit der Rechtsprechung und dem § 764 des

B. G. B. geschaffene Rechtsunsicherheit nicht durch klare, der Deutung nicht unterworfene Bestimmungen vollkommen beseitigt. Diesem Bedauern werden sich, wie ich hoffe, alle diejenigen anschließen, die sich einigermaßen mit diesen Verhältnissen beschäftigt und sie im Verlaufe der Zeit beobachtet haben.

Ich beantrage aber nicht, daß der Centralverband die Aufhebung des Verbotes verlangen soll. Denn nach Lage der Verhältnisse, nach der Stellungnahme der Regierung und der Mehrheit im Reichstage ist die Aufhebung des Verbotes nicht zu erreichen. Es kann aber nicht die Aufgabe des Centralverbandes sein, wenn er weiß, daß etwas absolut unerreichbar ist, es zu verlangen.

Dagegen beantrage ich, der Centralverband möge die Erwartung aussprechen, daß die Regierung an ihren Vorschlägen unbedingt festhalten möge, da sie das Mindestmaß dessen enthalten, was zur Wiederherstellung von Treu und Glauben in Handel und Verkehr notwendig ist, und daß die Erwartung Ausdruck finde, daß auch der Reichstag den Vorschlägen der Regierung seine Zustimmung erteilen möge.

Meine Anträge sind in Ihren Händen. Tragen Sie durch deren Annahme dazu bei, heillose Zustände in Handel und Verkehr zu beseitigen, von denen auch die Industrie in sehr erheblichem Umfange in Mitleidenschaft gezogen wird.

(Beifall.)

Vorsitzender: Meine Herren, die Ihnen vorliegenden Beschlußanträge haben gestern auch dem Ausschuß vorgelegen und derselbe hat sie zu seinen eigenen gemacht.

Ich eröffne nun die Diskussion und gebe das Wort Herrn Steller.

Generalsekretär **Steller-Köln:** Meine Herren, ich habe in der gestrigen Ausschußsitzung mich gegen die Anträge erklärt und darauf eine etwas unwirsche Erwiderung des Herrn Generalsekretär Bueck erhalten, ungefähr dahin gehend, daß ich von der Sache nichts verstände. Ich habe ihm darauf gesagt, ich würde abwarten, was er heute ausführte, und dann ihm mit meiner Meinung entgegentreten.

Nun, meine Herren, Herr Generalsekretär Bueck hat ja einen ziemlich ausführlichen Vortrag gehalten. Ich muß aber sagen, daß er mich nicht überzeugt hat in Bezug auf den Hauptpunkt. Der Hauptpunkt ist nämlich für mich, und ich meine, für die Industrie überhaupt, die Frage, inwieweit die Industrie durch das Börsengesetz benachteiligt wird. Ich habe nur herausgefunden, daß Herr Bueck gesagt hat, der Industrie habe sich das Geld auch unter dem Börsengesetz ausreichend zur Verfügung gestellt. Das ist die Tatsache, die er angeführt hat, und diese Tatsache ist meines Erachtens nicht belastend für das Börsengesetz in Bezug auf die Industrie.

Er hat ferner ausgeführt, daß die Preisrückgänge der Industriepapiere viel erheblicher gewesen wären, wie die der Banken, weil die Industriepapiere nicht auf Zeit gehandelt werden können, wie die Aktien der Banken. Nun, meine Herren, ich muß sagen, das ist ein sehr elementarer Begriff von dem, was damals an der Börse vorgekommen ist. Wer die Börsenereignisse verfolgt hat, der weiß, daß damals in Industriepapieren ein kolossaler Schwindel war, und daß da Preise gezahlt worden sind, die gar keine innere Berechtigung hatten. Was z. B. Bochumer Vereins-Aktien so übermäßig getrieben hatte, das weiß jedermann an der Börse. Das beruht zum guten Teil auf der bekannten Tätigkeit von einzelnen Spekulanten.

Dann hat Herr Bueck gesagt, daß wir einen Krach gehabt haben nach Ausbruch des ostasiatischen Krieges, weil uns die Kontremine fehlte. Meine Herren, ich kann Ihnen hier Berichte aus Zeitungen zeigen, da hieß es von Paris, wo das Börsengesetz nicht gilt, es sei aus gleichem Anlaß an einem Tage ein Krach gewesen ganz sondergleichen. Die Papiere bei uns haben sich inzwischen erholt, die in Paris werden sich ja auch erholt haben. Jedenfalls ist klar, daß es dort ebenso gewesen ist, wie hier.

Wenn ich hier das Wort nehme, so geschieht es nur aus persönlichen Gründen, und ich sage auch nur für meine Person, daß die Industrie kein Interesse an dem Börsengesetz hat und daß diese Ausführungen wohl in dem Kreise von Börsenleuten hätten am Platze sein können, daß sie aber nur das enthalten, was ich schon wiederholentlich gehört und gelesen habe aus Versammlungen, die die Börsenleute, die Bankiers u. s. w. seit Jahr und Tag gehabt haben. Da ist also nichts Neues darin.

Was die Industriellen betrifft, so würden sie sich mit dem Börsengesetz zu befassen haben, wenn sie sich dadurch beeinträchtigt fühlten. Ich stelle fest, daß in den Vereinen, denen ich beruflich nahestehe, niemals eine Klage über das Börsengesetz laut geworden ist. Ich habe gestern gesagt, es sind wohl Klagen laut geworden über das preußische Stempelsteuergesetz wegen des Lieferungsstempels von ⅓ pCt. für Maschinen, weil für diese Verträge gemacht werden und insofern die Industriellen benachteiligt sind, aber über das Börsengesetz und über das Reichsstempelgesetz ist mir von Klagen nichts bekannt geworden in meiner beruflichen Tätigkeit. Ich habe auch heute nicht von Herrn Bueck gehört, daß Klagen der Industrie die Veranlassung geboten hätten zu den vorgeschlagenen Gesetzesänderungen. Er führte an, daß die zunächst betroffenen Kreise hauptsächlich den Anlaß geboten hätten, daß die Regierung an die Sache herangegangen ist. Das ist vollständig richtig, das ist begreiflich. Nicht den Anlaß dazu gegeben hat die Industrie, und darin sehe ich einen weiteren Beweis dafür, daß die Industrie in keiner Weise durch das Börsengesetz beeinträchtigt worden ist in dem großen wirtschaftlichen Aufschwung, den sie seit dem Bestehen des Börsengesetzes genommen hat. Das Börsengesetz ist anfangs 1897 in Kraft getreten. Die Jahre 1897, 1898, 1899 haben einen wirtschaftlichen Aufschwung gebracht, den wir vorher nicht gekannt haben. Die Börse klagt über Geschäftsrückgang. Was aber macht die Industrie? Sie hat es im Jahre 1903 auf über 10 Millionen Tonnen Roheisen-Erzeugung gebracht, eine Ziffer, die uns vor wenigen Jahren noch nicht im Traume hätte erscheinen können. Alle Jahre wächst unsere Kohlenförderung um Millionen von Tonnen. Unsere Eisenbahneinnahmen haben im letzten Jahre monatlich um etwa 7 bis 8 Millionen zugenommen. Meine Herren, sind das Zeichen von Rückgang, von Belastung durch das Börsengesetz?

Sehen Sie sich die allgemeinen Verhältnisse an: überall nimmt der Wohlstand zu. Deutschland ist ein reiches Land. Wodurch? Durch seine wirtschaftliche Tätigkeit! Das Börsengesetz stört nicht im geringsten. Wir bauen Häuser, wir bauen Villen, wir bauen Fabriken, ohne Rücksicht auf das Börsengesetz, kein Mensch nimmt am Börsengesetz Anstoß!

Die Beziehungen der Industrie zur Bankwelt, zur Börse, die ich ja nicht leugne, liegen auf einem ganz anderen Gebiete. Der Geschäftsmann hat Bankverkehr nötig; seine Wechsel muß er diskontieren, er muß einen Kontokorrentverkehr haben, er muß unter Umständen eine Anleihe aufnehmen, namentlich, wenn es eine Aktiengesellschaft ist; er muß eine Aktiengesellschaft usw. gründen können.

Ja, meine Herren, kann das nicht alles geschehen ohne Rücksicht auf das Börsengesetz? Wir haben in den letzten Jahren in Köln oder im Kölner Bezirk nicht allein einige sehr große Aktien-Familiengründungen gehabt, sondern auch ganz nagelneue Gründungen, die ein großes Kapital erforderten. Da ist die Deutsch-Atlantische Telegraphengesellschaft mit 20 Millionen Kapital, die jetzt ein zweites Kabel nach Amerika legt. Die hat kein Mensch und kein Börsengesetz daran gehindert.

Ob der Handel unter dem Börsengesetz leidet, möchte ich bestreiten. Der berechtigte Handel hat seine Aufgabe in der Herstellung des Verkehrs zwischen Erzeuger und Verbraucher. Diesem Handel geschieht absolut nichts. Wir haben keinerlei Börsentermingeschäfte für Kohle, für Erze, für Eisen usw., für Garne, für irgendwelche industriellen Erzeugnisse, wir haben sie nie gehabt, und auch diese Industrien gehen alle so weiter und werden also von dem Börsengesetz in keiner Weise betroffen.

Die Schmerzen der Börse, meine Herren, sind ja begreiflich, und daß die sich wehrt, finde ich auch ganz begreiflich, aber was geht das die Industrie an? Laßt die Toten ihre Toten begraben und die Börse für sich gewähren!

Daß der Centralverband Deutscher Industrieller wegen seiner wirtschaftspolitischen Richtung an der Börse nicht beliebt ist, haben wir erst gestern von zuverlässiger Seite in der Ausschußsitzung gehört. Ich sehe also keinen Grund, und halte es unter diesem Gesichtspunkt für taktisch unrichtig, sich für die Börse ins Zeug zu legen. Nach meinem Dafürhalten würden wir uns damit eine Gegnerschaft zuziehen aus Kreisen, die uns jetzt garnichts wollen, die aber der Börse wahrscheinlich sehr unfreundlich gesinnt sind.

Meine Herren, die Börse beklagt sich hauptsächlich über zweierlei: das ist das Börsenregister und das ist das Verbot des Terminhandels in bestimmten Papieren. Hierbei kommt der sehr schwer wiegende Einwand von der Verletzung des Grundsatzes von Treu und Glauben in Betracht.

Ja, meine Herren, wie liegt die Sache eigentlich? Hier ist ein Gesetz gemacht worden, und jeder Staatsbürger hat die Pflicht, einem Gesetz seine Hochachtung zu erweisen, sich vor der Majestät des Gesetzes zu beugen. Weil dieses Gesetz der Börse aber nicht paßt, so mißachtet die Börse das Gesetz. Und sie hat es boykottiert, sie erklärt: „wir fügen uns nicht, das Register ist ein Schandpfahl!" Meine Herren, für wen ist das ein Schandpfahl? Für den berechtigten Börsenmann absolut nicht, das ist genau so, als wenn ein Kaufmann sich in das Handelsregister eintragen läßt. Unsere ersten Banken haben sich ruhig in das Börsenregister eintragen lassen, kein Mensch wird sie darum scheel ansehen. Was aber das Börsenregister noch ist: das ist eine Warnungstafel für das große Publikum, und insofern ist es viel wertvoller, als in seiner Eigenschaft als ein Kennzeichen für die Rechtsgültigkeit von Termingeschäften. Das Publikum wird darauf hingewiesen: Ihr sollt und dürft nicht spekulieren, es drohen Euch Gefahren; wollt Ihr spekulieren trotzdem, so könnt Ihr es machen, aber dann müßt Ihr Euch auch der Folgen gewärtig sein. Und weil ein großer Teil des Volkes nicht im Börsenwesen bewandert genug ist, und weil ein großer Teil der Börsenwelt nicht genug Rücksicht auf das wirtschaftliche Wohlergehen des Volkes nimmt, deshalb hat man dem letzteren den Schutz erwiesen.

Man kann ja vom Standpunkt der Börse aus sagen: „das Register muß beseitigt werden," aber vom Standpunkt der Industrie ist nach meinem Dafürhalten keine Veranlassung dazu. Wenn jemand sich darüber beklagen will, daß ihm Unrecht geschieht, weil er ein Gesetz nicht befolgt, dann steht mir eigentlich der Verstand still. Der Mann, der ein Termingeschäft macht mit einem nicht in das Börsenregister Eingetragenen weiß doch, daß er keinen Rechtsboden unter den Füßen hat. Wenn ich einen Wechsel wollte unterschreiben lassen von jemand, der nicht dazu befugt ist, etwa vom Hausknecht anstatt des Firmeninhabers, dann weiß ich doch, daß ich keinen Wechselanspruch habe. So liegt doch die Sache hier, und da wollen die Börsenleute sich beklagen, daß sie auf Grund des Differenzeinwandes ihr Geld nicht bekommen! Dann mögen sie doch solche Geschäfte nicht machen. Ich kenne viele große Bankiers, die sagen: „ich will solche Geschäfte nicht machen, ich mache nur Geschäfte mit Eingetragenen."

Die Moral wird durch dieses Börsenregister nicht geschädigt, sondern nur durch den — ich möchte sagen — Trotz der Börse, sich dessen nicht zu bedienen, und zwar nur gewisser Kreise, denn andere bedienen sich dessen ja. In Hamburg, wo man den Terminhandel für Zucker hat — der auch in Magdeburg besteht — sind die betreffenden Warenhändler eingetragen. Das kann doch jedermann tun, der ein großes Geschäft darin hat. Also ich meine, zunächst sollten eben die Börsenleute erst das Gesetz achten, und wenn sie das Gesetz geachtet haben und keine Geschäfte mit solchen machen, die nicht eingetragen sind, und dann durch das Gesetz sich noch belästigt fühlen, dann mögen sie kommen und ihre Beschwerden vorbringen. Zunächst aber meine ich, muß verlangt werden, daß man sich auf die gesetzliche Grundlage stellt.

Was nun den Zeithandel anbetrifft, der verboten ist für Industriepapiere, so hat Herr B u e c k schon angedeutet, was ich gestern abend ausgeführt habe nach meinen persönlichen Erinnerungen, daß der verstorbene Geheimrat B a a r e sich immer sehr beklagt hat, daß die Aktien des Bochumer Vereins in den Terminhandel gezogen wurden. Der Bochumer Verein war sehr groß geworden, und viele andere Unternehmungen waren auch sehr groß geworden, ohne daß ihre Aktien in den Terminhandel gekommen waren. Also der Mangel des Terminhandels hat ihnen garnichts geschadet, und darum ist es bisher den Industrieunternehmungen durchaus nicht weniger möglich gewesen, Geld zu bekommen. Denken Sie, wie die Aktienunternehmungen zustande kommen! Da fragt man nicht: Kann ich das Papier in den Terminmarkt bringen, sondern man überschlägt, wie die Rente des Unternehmens ist. Ist die Rente nachweislich gut, dann wird sich bei den heutigen Bankverhältnissen immer eine Gruppe finden, die diese Aktien sehr gern übernimmt. Die Industriellen werden ja überlaufen mit Gründungsangeboten. Also was hat die Industrie nach dem Terminhandel zu fragen!

Nun das Verbot des Getreideterminhandels! Das ist ja Sache der Landwirtschaft! Wenn die Landwirtschaft damit zufrieden ist, daß sie den angeblichen Nachteil trägt von dem Fehlen des Getreideterminhandels, was geniert uns das? Ist das Getreide teurer geworden, oder ist das Brot teurer geworden? Mir ist nichts davon bekannt geworden.

Nun die Leistungsfähigkeit der Börse! Ja, lieber Gott, wenn ich heute etwas kaufe, muß ich Geld haben, und wenn ich Papiere kaufe, muß ich auch Geld haben oder wenigstens das Geld wo anders liegen haben, und die Kreditfähigkeit muß gestützt sein durch eine Barfähigkeit. Wenn die Spekulation als dem wirklichen Kapital gleichwertig erachtet wird, so scheint mir das nicht richtig zu sein. Mir ist doch das Wesen, die Sache selbst lieber, als die Anweisung darauf. Eine Reichsbanknote würde den Wert nicht haben, den sie tatsächlich hat, wenn man nicht wüßte, daß sie bares Geld ist. Das Geld liegt dafür da, ich brauche nur auf die Reichsbank zu gehen, dann habe ich es. Aber wenn man auf die Spekulation eingeht, die als wesentlich für die Aufnahmefähigkeit der Börse hervorgehoben worden ist, so muß ich sagen, daß man die doch sehr überschätzt. Hier ist die sogenannte Coulisse. Ja, deren Mittel sind sehr beschränkt, sie waren es von jeher, und man weiß von diesen kleinen Bankiers — ich will ihnen nicht zu nahe treten, — aber jeder Geschäftserfahrene weiß es: daß viele von ihnen gar nicht in der Lage sind, die für ihre Kundschaft gekauften Papiere zu beziehen, sondern sie bei den größeren Firmen, von denen sie sie gekauft haben, müssen liegen lassen. Aus solchen Beziehungen entwickeln sich alle die Unzuträglichkeiten und alle die Sachen, die das Depotgesetz hervorgerufen haben.

Ganz richtig ist hier die geschichtliche Entwickelung der Dinge gegeben worden. Die großen Unterschlagungen, die Veruntreuungen der Bankiers sind die Ursachen zum Börsengesetz gewesen und zum Depotgesetz. Das Depotgesetz ist leider ganz unzulänglich und daher nützt es nichts, aber das Börsenregister und das Verbot des Terminhandels schädigen niemand, wenigstens nicht die Kreise der Industrie. Was die Leistungsfähigkeit der Börse anbetrifft, so ist sie — darüber muß man sich doch klar sein — doch nichts anderes, als die Stärke unserer Kapitalkraft überhaupt. Wenn wir nicht im Volke arbeiteten und Güter und Ueberschüsse erzeugten, dann hätten wir keine Börse.

Die Börse ist nur das Zeichen unserer wirtschaftlichen Kraft im Geld und in Geld- und Wertzeichen ausgedrückt. Die Börse ist an sich garnichts. Sie kann nur vermittelnd wirken, denn sie ist nur die Stelle, wo die Gelder hinfließen und von dort verteilt und vermittelt werden. Also die Kapitalkraft der Börse ist ganz minimal. Wenn Sie die paar Tausend Millionen nehmen, die die Banken zusammen etwa haben, was ist das gegen die vielen Tausende von Millionen, die wir, d. h. die Millionen Erwerbstätigen aller Klassen haben! Außerdem das Geld, das wir den Banken geben in Gestalt von Aktien, das haben doch wir, das haben nicht sie, das ist vom Volke aufgebracht. Die großen Aktienkapitalien der Banken: wer hat diese Summen aufgebracht? Nicht etwa die Direktoren und die paar Aufsichtsräte, sondern das Volk in großen Kreisen, das sind diejenigen, die das Geld haben.

Was den Vorgang der Aufsaugung der kleinen Geschäfte durch die großen betrifft, meine Herren, so muß ich mich eigentlich doch sehr wundern, daß in diesem Kreise davon als von einem traurigen Zeichen die Rede sein kann. Was geschieht in der Industrie? Da wird ja alles aufgesogen. Sehen Sie die Zechenangliederung, von der wir heute gesprochen haben, diese Angliederungen und andere Sachen, die Kartelle und Syndikatsbildungen. Was ist das anders, als eine Centralisierung, und schließlich ein Kartell, wie solche in den verschiedensten Zweigen des großen Geschäftslebens bestehen. Das ist doch alles Aufsaugung der Schwachen, und das können wir ja vielleicht in menschlicher Hinsicht bedauern, aber wir können es doch nicht ändern und namentlich nicht vom wirtschaftlichen Standpunkte aus beklagen.

Also ich bin der Meinung, daß die Industrie an dem ganzen Börsengesetz gar kein Interesse hat, und daß sie an den Aenderungen, die da vorgenommen werden, auch nichts auszusetzen hat, daß sie aber gar keine Veranlassung hat, gegen das Börsengesetz vorzugehen.

Die Hinaustragung des Kapitals — um das noch zu erwähnen — ins Ausland! Ja, meine Herren, die paar Leute, die das tun, das sind eben unverbesserliche Spieler. Denen kann man nicht helfen. Wer sein Geld oder wer das Geld seiner Kunden in Goldaktien in London verspielt, entzieht sich der inländischen Gesetzeseinwirkung. Was auf Eindämmung der Spielleidenschaft im Volke und auf Solidität des Börsen- und Bankenwesens, des Wertpapiergeschäfts hinwirken kann, ist vom sittlichen Standpunkt freudig zu unterstützen und zu begrüßen. Nichts ist schlimmer, als die Ausbreitung des Börsenspiels im Volke. Wir haben unsere öffentlichen Spielhäuser aufgehoben, können aber nicht hindern, daß der eine oder der andere nach Monaco oder nach Spaa geht; hier im Lande unter den Augen des Gesetzes darf aber nicht gespielt werden, und es sollte auch mit dem Börsenspiel, soweit überhaupt möglich, aufgeräumt werden. Das ist mit dem Börsengesetz versucht worden. Es ist ja nicht alles vollkommen daran. Und wenn hier eine Verbesserung erzielt werden soll, so mag man sie ruhig hinnehmen, aber nicht noch mehr verlangen.

Ich bitte um Entschuldigung, daß ich so ausführlich geworden bin. Ich bin dazu veranlaßt worden durch den mir in sehr scharfer Form gestern gemachten Vorwurf, den ich nicht auf mir sitzen lassen kann. Und dann habe ich noch zu erklären, daß meine Ausführungen nur meine persönlichen Ansichten wiedergeben. Meine Vereine haben gar keine Veranlassung gehabt, sich damit zu beschäftigen und haben darüber auch ihre Meinung nicht geäußert.

Kommerzienrat **Funcke**-Hagen: Meine Herren, ich bedauere, daß der lichtvolle Vortrag des Herrn Generalsekretärs Bueck nicht überall den Beschlußanträgen beigefügt werden kann. Die Beschlußanträge werden jedenfalls veröffentlicht und dem Centralverbande wird daraus in den Zeitungen der Vorwurf gemacht werden, daß er sich zum Vorspann der Börse gebrauchen ließe.

Meine Herren, in dem Vortrage des Herrn Bueck vermisse ich eine Erörterung der Gründe, welche zu dem letzten Gesetz geführt haben. Es ist doch hervorgegangen aus dem Bestreben, Unerfahrene zu behüten vor der Ueberredung der Bankiers zu Börsenspekulationen. Diejenigen, die nach dem Auslande gehen, sind nur verhältnismäßig wenige; im großen und ganzen sind weite Kreise unseres Volkes, und zwar diejenigen, die am wenigsten von dem inneren Wert des von ihnen Angekauften verstehen, abgehalten worden, ihr Geld zu Termin-Spekulationen in Aktien und dergleichen herzugeben. Meine Herren, es ist ein Jammer, wenn kleine Leute, auch Kaufleute, veranlaßt werden zu Börsenspekulationen. Sie alle wissen, in welchem Umfange die Verlockung arbeitet aus den täglich bei Ihnen eingehenden Aufforderungen zu Kuxenspekulationen und Aktienspekulationen

(Bueck: Unter der Herrschaft des Börsengesetzes!)

ja, auch jetzt. Wenn solches eingedämmt werden könnte, so wäre das von großer Wichtigkeit, denn der Mann, der an der Börse spekuliert, verliert gewöhnlich das Interesse an seinem regulären, soliden Geschäft. Das letztere zu erhalten, sollte die Hauptsorge unseres Centralverbandes Deutscher Industrieller sein. Leider hat die Börse in vielfacher Weise einen Einfluß auf die Industrie gewonnen, der geradezu zu beklagen ist.

Führen wir den Terminhandel wieder ein, was ist die Folge? Wer ist Besitzer der Aktien in der Zeit, wo die Aktien verkauft aber nicht abgenommen sind? Oft in einem halben Jahre ist derjenige, der gekauft hat, nicht Besitzer, er weiß garnicht, ob er abnimmt. Auch der Vorbesitzer ist nicht Besitzer. In Händen hat die Aktien die Bank, die mittels derselben einen immer größeren Einfluß auf die Geschäftsführung des Unternehmens gewinnt. Das Interesse der Börse liegt nicht in einer ruhigen, soliden Entwickelung und einer möglichsten Zusammenhaltung der Gelder, sondern es liegt in der Hauptsache in der Entwickelung der Kurse, einmal nach aufwärts, das andere Mal nach abwärts. Meine Herren, seien wir davon überzeugt, die große Abhängigkeit der Industrie von der Börse, die auch die Centralisation in die Hände weniger großer Gesellschaften zur Folge hat, wird ein außerordentliches Hindernis werden in dem Kampfe gegen die Sozialdemokratie.

Ich glaube, wir sollten es vermeiden, allzu sehr einzutreten für die Interessen der Börse; ich würde wenigstens, wenn Sie diesen Beschlußantrag annehmen wollen, es für wünschenswert erachten, einen Zusatz zu machen dahingehend, daß wir die Besserung nicht verkennen wollen, die in Bezug auf das Börsenspiel durch das letzte Gesetz erzielt worden ist.

Vorsitzender: Die Diskussion ist — da sich niemand mehr zum Worte meldet — geschlossen. Ich gebe das Schlußwort dem Herrn Referenten.

Berichterstatter Generalsekretär **Bueck**-Berlin: Meine Herren, in einem Punkte gebe ich Herrn Steller recht: ich bin gestern zu scharf ihm gegenüber gewesen. Ich bin gestern in einer, wie Sie sich wohl denken können, begreiflichen Erregung gewesen, und in dieser Stimmung habe ich das gesagt, was ich gestern sagte. Ich bedauere das und bitte ihn um Verzeihung der Schärfe wegen.

(Bravo!)

Im übrigen, meine Herren, ist er durch meinen Vortrag enttäuscht gewesen, weil ich seinen Hauptpunkt nicht genügend berührt habe. Ja, meine Herren, ich kann mein Referat nicht so einrichten, daß ich jeden befriedige, wenn er sich einen besonderen Hauptpunkt stellt. Sie sehen, ich bin so schon zu lang gewesen in meinem Referat, obgleich die einzelnen Punkte kurz behandelt sind; ich konnte mich daher bei dem, was Herr Steller als die Hauptsache betrachtet, nicht so lange aufhalten, wie er es vielleicht erwartet hat.

Dann hat Herr Steller auch an meinem Vortrage getadelt, daß ich nichts Neues gebracht hätte, er hat das alles schon gelesen. Ja, meine Herren, es gibt eben große Fragen, über die wenig Neues zu sagen ist. Wenn Sie die Hunderte von Vorträgen gehört hätten, die ich in den 70er Jahren über die Zollpolitik gehalten habe, hätten Sie jedes Mal sagen können: Herr Bueck hat mir nichts Neues gesagt, ich bin ein so belesener Mann, das kenne ich schon alles, das habe ich mir an den Schuhsohlen abgelaufen.

Also dieser Vorwurf wird mich im allgemeinen wohl nicht treffen.

Im übrigen, meine Herren, will ich mich auf die Sache nicht näher einlassen, ich müßte sonst mein Referat von vorn beginnen und bis zum vollen Ende halten, wenn ich alle die Einwürfe widerlegen wollte.

(Bravo!)

Wenn Herr Steller nicht einmal anerkennt, daß das Börsengesetz Treu und Glauben erschüttert und dem allergrößten Teil der Börsengeschäfte, denen er doch nicht jede Legitimität absprechen will, den Rechtsboden entzogen hat, so kann ich mit Herrn Steller nicht diskutieren, verzichte weiter auf das Wort und bitte Sie, meine Resolutionen anzunehmen.

(Bravo!)

Vorsitzender: Meine Herren, die folgende Resolution wird Ihnen vorgelegt:

„I. Der Centralverband Deutscher Industrieller erkennt die Schädigungen an, die durch die Bestimmungen des Börsengesetzes vom 22. Juni 1896 dem Erwerbs- und Wirtschaftsleben besonders dadurch bereitet worden sind, daß wichtige, für den großen Verkehr unentbehrliche Geschäftsformen verboten wurden, anderen durch das Gesetz in Verbindung mit der betreffenden Rechtsprechung der Rechtsboden entzogen und dadurch Anregung zu schweren Verletzungen von Treu und Glauben gegeben worden ist, und daß diese Verletzungen sogar unter gesetzlichen Schutz gestellt wurden.

II. Der Centralverband begrüßt daher die Absicht, das Börsengesetz durch die Vorlage vom 19. Februar d. J. zu ändern, bedauert aber ernstlich, daß die auch von den Verbündeten Regierungen voll anerkannten Schädigungen nur zum Teil abgestellt werden sollen, und daß die Regierungen von der notwendigen grundlegenden Aenderung des Gesetzes Abstand genommen haben.

III. Der Centralverband erkennt jedoch an, daß die Vorlage wohl geeignet ist, eine teilweise Besserung des gegenwärtigen haltlosen Zustandes herbeizuführen. Er richtet daher an die Verbündeten Regierungen und an den Reichstag die dringende Bitte, nicht nur an den gemachten Vorschlägen festzuhalten, sondern sie noch in der Richtung zu erweitern, daß der Kreis solcher Personen, denen Rechtsschutz für die Nichterfüllung ihrer aus Bankier- und Börsengeschäften entstandenen Verpflichtungen gewährt wird, weiter eingeengt, und daß die rückwirkende Kraft des Gesetzes vollständig gemacht werden möchte."

Wir kommen zur Abstimmung. Ich darf diejenigen bitten, welche die Resolutionen annehmen wollen, sich zu erheben. (Geschieht). — Das ist die Majorität.

Generalsekretär **Steller-Köln**: Ich bemerke, daß ich mich der Stimme enthalten habe.

Vorsitzender: Meine Herren, wir kommen zum nächsten Punkt, **dem Gesetzentwurf wegen Abänderung des Reichsstempelgesetzes.**

Generalsekretär **Stumpf-Osnabrück**:*) Wie durch die Bestimmungen des Börsengesetzes, so ist anerkanntermaßen auch durch die Bestimmungen des Reichsstempelgesetzes der Geld- und Effektenverkehr Deutschlands sehr nachteilig beeinflußt worden.

Als durch das Gesetz vom 14. Juni 1900 die nicht unbeträchtliche Erhöhung fast sämtlicher Stempelsteuersätze für Wertpapiere und Kaufgeschäfte und die Einführung einer Reihe neuer Steuerbelastungen erfolgte, gelangte sogleich allseitig die Besorgnis zum Ausdruck, daß die damit verursachten Verteuerungen das Effektengeschäft von den deutschen Börsen in erheblichem Umfange nach dem Auslande verdrängen würden.

Es ist nicht nur so gekommen, sondern es hat sich auch herausgestellt, daß diejenigen recht hatten, welche davor warnten, durch ein zu starkes Anziehen der Steuerschraube die Ergiebigkeit dieser Finanzquelle zum Schaden des Reiches zu beeinträchtigen.

Die Begründung der unterm 24. vorigen Monats dem Reichstage vorgelegten Novelle zum Reichsstempelgesetz gibt unumwunden zu, daß die hohen Sätze des Effektenstempels und der Umsatzsteuer tatsächlich

---

*) Die Ausführungen dieses Referats haben in der Delegiertenversammlung nur angedeutet werden können, da die Zeit bereits zu weit vorgerückt war.

den Reichsfinanzen einen Vorteil nicht gebracht haben. Die Jahre 1901/02 ergaben eine durchschnittliche Stempeleinnahme von nur 17 886 000 M. für Wertpapiere und 13 421 000 M. für Anschaffungsgeschäfte gegen 18 190 000 M. für Wertpapiere und 14 266 000 M. für Anschaffungsgeschäfte in den Jahren 1898/99. Das Rechnungsjahr 1903 wird, wenn die bis Ende Dezember vorliegenden Zahlen durch Einfügung der fehlenden drei Monate nach dem Vorjahre ergänzt werden, sogar nur eine Jahreseinnahme von 13 998 000 M. für Wertpapiere und 14 262 000 M. für Anschaffungsgeschäfte, also für den Durchschnitt der Jahre 1901/03: 16 590 000 M. für Wertpapiere und 13 702 000 M. für Anschaffungsgeschäfte ergeben, also 1 600 000 M. bezw. 564 000 M. weniger als 1898/99.

Wenn schon in diesen Zahlen mit hinreichender Deutlichkeit die finanzwirtschaftliche Verkehrtheit der im Jahre 1900 vorgenommenen Erhöhung der betreffenden Steuersätze in die Erscheinung tritt, so wird der bedenkliche Einfluß jener Erhöhungen noch weiter illustriert durch die Statistik der Arbitragegeschäfte bezw. der im Arbitragegeschäft von der Steuerbehörde dem Arbitrageur gewährten Erstattungen für denjenigen Teil des Anschaffungsstempels, der über $^1/_{10}$ vom Tausend hinausgeht. Jene Erstattungen betrugen nämlich nach Inkrafttreten des Gesetzes vom 27. April 1894

1895:	127 000	M.
1896:	64 000	„
1897:	52 000	„
1898:	52 000	„
1899:	42 000	„
1900:	44 000	„
1901:	50 000	„
1902:	55 000	„
1903:	53 000	„

Noch deutlicher als die Begründung der jetzt vorliegenden Novelle lassen die Uebersichten, die der vom Centralverbande des Deutschen Bank- und Bankiergewerbes im Dezember vorigen Jahres herausgegebenen Denkschrift über die Wirkungen des Börsen- und Reichsstempelgesetzes beigegeben sind, erkennen, wie sehr der Gesetzgeber sich in der Einschätzung der Wirkungen des Gesetzes auf den Pulsschlag des wirtschaftlichen Lebens getäuscht hat, als er sich entschloß, die ohnehin bereits drückenden Stempelsteuersätze vom Jahre 1894 durch das Gesetz vom 14. Juni 1900 hinaufzuschrauben. Es liegt mir hier eine Tabelle über die Reichseinnahmen aus den Stempelabgaben für

Wertpapiere in den Jahren 1881—1903 vor, aus der ersichtlich ist, daß nach der Vornahme der Steuererhöhung der Effektenstempel im Jahre 1901/02 um 19 495 000 und der Umsatzstempel in demselben Jahre um 7 528 800 M. hinter den im Etat veranschlagten Soll-Einnahmen zurückgeblieben ist.

Die Budget-Kommission des Reichstages hatte bezüglich des neuen Gesetzes die Mehrerträgnisse des Wertpapierstempels auf 15 000 000 M., diejenigen aus der Umsatzsteuer auf 6 000 000 M. veranschlagt. Die Reichsstempeleinnahmen des Jahres 1900 überstiegen diejenigen des Vorjahres jedoch nur um 11 394 000 M., und von diesem Plus entfallen auf Lotterielose 8 231 000, auf Schiffsfrachtsurkunden 610 000 und auf Wertpapiere 3 332 000 M., während der Schlußnotenstempel 680 000 M. weniger als im Vorjahre eingebracht hatte.

Im Jahre 1901 ergaben nur noch Lotterielose und Schiffsfrachtsurkunden eine Mehreinnahme von 21 577 000 M., wogegen für Wertpapiere 3 408 000 M. und für Schlußnoten 1 656 000 M. weniger als im Jahre 1899 erzielt wurden. Ebenso steht es mit dem Jahre 1902, in welchem gegen 1899 eine Mehreinnahme von 25 111 000 M. für Lotterielose, Schiffsfrachtsurkunden und Wertpapiere verzeichnet ist, während die Schlußnoten (also der Umsatzstempel) 1 476 000 M. weniger eintrugen als im Jahre 1899.

Nun muß ich sagen, daß ich nach der einleitenden Begründung der in Rede stehenden Novelle eigentlich andere Vorschläge bezüglich der Umgestaltung des Gesetzes erwartet hätte, namentlich, seitdem man auf anderen Gebieten in dieser Beziehung doch sehr überzeugende Lehren erhalten hat. Ich erinnere hier nur an die Erleichterungen und Gebührenermäßigungen im Postverkehr. Als man sich zu denselben entschloß, wurden dem Reichstage zwar zum Teil nicht unerhebliche Ausfälle vorgerechnet, als aber beispielsweise die Erhöhung des Briefgewichts und die Herabsetzung des Portos für Postkarten im Ortsverkehr wirklich eingeführt waren, und als darauf Gott den Schaden bei Licht besah, stellte sich heraus, daß nicht nur kein Ausfall, sondern ein wesentlicher sich auf Millionen belaufender Zuwachs an Einnahmen entstanden war. Sinngemäß würde daher auch hinsichtlich der Sätze des Effekten- und Umsatzstempels aus den vorliegenden Erfahrungen der Schluß zu ziehen sein, daß kräftige Ermäßigungen für die Reichskasse eher Vorteile als Nachteile zur Folge haben müßten. Diese Konsequenzen zu ziehen, hat der Gesetzentwurf jedoch unterlassen. Man hat sich von dem fiskalischen Furchtgefühl nicht befreien können, daß durchgreifende Maßnahmen auf diesem Gebiete doch am Ende zu einer Verminderung der Reichseinnahmen führen könnten, und, da man den Standpunkt vertritt, daß bei der Finanzlage des Reiches unbedingt jeglicher Ausfall vermieden werden müsse, so hat sich die Novelle nach meinem Dafürhalten um die von ihr nicht mit Unrecht erwartete Aufgabe eigentlich einigermaßen herumgedrückt.

Das Verlangen der beteiligten Kreise, wie es unlängst noch im Deutschen Handelstage zum Ausdruck gelangt ist, richtet sich bekanntlich dahin, daß eine durchgreifende Ermäßigung des Effektenstempels insbesondere für ausländische Renten- und Schuldverschreibungen, eine erhebliche Herabsetzung des Umsatzstempels und die völlige Befreiung der Reichs- und Staatsanleihen sowie aller Umsätze unter 600 Mk. und der Arbitragegeschäfte vom Umsatzstempel Platz greifen müsse.

Die Novelle beschränkt sich indessen darauf, den Umsatzstempel für unverzinsliche Schatzanweisungen von $^2/_{10}$ auf $^1/_{20}$ vom Tausend und in anderen deutschen Staatsfonds auf $^1/_{10}$ vom Tausend, für letztere also auf die Hälfte des bisherigen Betrages herabzusetzen. Außerdem soll zu Gunsten des Arbitragegeschäfts in Bezug auf den Umsatzstempel eine Erhöhung der schon jetzt im Gesetze vorgesehenen Rückvergütung eingeführt werden, indem der Entwurf die Vergütung zu Gunsten des Arbitrageurs bei deutschen Staatsfonds auf $^1/_{40}$ vom Tausend (wie bisher auf 25 pCt.) des Steuersatzes festsetzt, während sie betragen soll bei einem Stempelsatze von $^2/_{10}$ pro Mille $^3/_{40}$ pro Mille und von $^3/_{10}$ pro Mille $^5/_{40}$ pro Mille, d. h. $^1/_{40}$ pro Mille mehr als jetzt. Auch kommt die Novelle insofern den Bedürfnissen des Geldverkehrs entgegen, als sie für Kostgeschäfte (Report und Deport, d. h. für kurze Geldleihgeschäfte bezw. für vorübergehende Anlage zeitweilig flüssiger Kapitalien) allgemein den Stempel auf die Hälfte des bisherigen tarifmäßigen Satzes festsetzt, und es ermöglicht, daß auch Prolongationen von Arbitragegeschäften im Auslande wie im Inlande nicht mehr dem vollen Stempel unterworfen werden.

Etwas Besonderes tut sich der Entwurf zu gute auf die Einführung einer Abfindung für die Entrichtung der Stempelabgabe auf ausländische Wertpapiere, die nach den bisherigen Bestimmungen nicht angängig war, und anscheinend der in Frankreich bestehenden Einrichtung der Kotierung nachgebildet ist, mit dem Unterschiede indessen, daß nach dem französischen Gesetz die Abfindung obligatorisch ist, während sie bei uns dem Steuerpflichtigen zur Wahl gestellt wird.

Soll man sich nun ein Urteil darüber bilden, welchen Erfolg die Novelle haben wird, so ist von vornherein zu bedenken, daß Schätzungen in dieser Beziehung außerordentlich gewagt erscheinen müssen. Es ist ja kein Zweifel, daß die Herabsetzung des Umsatzstempels für Renten- und Schuldverschreibungen des Reiches und der Bundesstaaten das Geschäft in diesen Effekten etwas beleben wird. Ob aber diese Belebung so erheblich sein wird, daß sie die schädliche Wirkung der jetzt bestehenden Steuerbelastung wirksam beseitigt, muß doch sehr zweifelhaft erscheinen. Nach den übereinstimmenden Ausführungen der beteiligten Börsenkreise liegt die Tatsache vor, daß seit dem Inkrafttreten des Umsatzstempels für Staatsfonds die früher in großem Umfange stattfindende vorübergehende Anschaffung dieser Wertpapiere fast vollständig in Wegfall gekommen ist, weil der Zinsgenuß dieser Kapitalanlagen bei kurzen Fristen durch die Steuerbelastung des Umsatzstempels fast auf ein nichtsagendes Minimum herabgedrückt wurde. Man hat es deshalb vorgezogen, derartige Gelder im Diskonto- oder im Reportgeschäft anzulegen, und die naturnotwendige Folge konnte nicht ausbleiben, indem das Reich selbst den Markt in seinen eigenen Schuldtiteln schädigte, weil der Kurs derselben durch die verminderte Verwendungsgelegenheit selbstverständlich gedrückt werden mußte. Es erschien daher auch ganz verständlich, als noch vor kurzem in der Tagespresse mitgeteilt wurde, daß der Finanzminister von Rheinbaben in der Budgetkommission des Preußischen Landtages sich dahin geäußert habe, als ob die Umsätze in Staats- und Reichsanleihen künftig stempelfrei sein sollten. Die Aufhebung des Umsatzstempels für diese Papiere wäre auch insofern folgerichtig, als die Renten- und Schuldverschreibungen des Reiches und der Bundesstaaten ja auch vom Effektenstempel befreit sind. Wenn aber aus dieser Besteuerung selbst wirklich für das Reich noch etwas herauskommt, so bleibt doch immer die nationalökonomisch nicht unwichtige Frage zu beantworten, ob jene nicht sehr große Geldeinnahme den Schaden auszuwetzen vermag, den die vom Reiche und den Bundesstaaten ausgegebenen Wertpapiere mittelbar im Börsenkurse erleiden.

Auf die Belebung des Arbitrageverkehrs legt die Begründung der Novelle einen ganz besonderen Wert. Es heißt dort, die in der Ausgleichung der Kursunterschiede der Börsenwerte an den verschiedenen Handelsplätzen bestehende Arbitrage stelle eine Tätigkeit von allgemein anerkannter wirtschaftlicher Bedeutung dar, welche in früherer Zeit in Deutschland in hoher Blüte stand, unter der Herrschaft des Steuergesetzes aber einen steten Rückgang erfahren habe, so daß angenommen werden müsse, daß dieser Verkehrszweig die ihm zu teil gewordene Belastung nicht zu tragen vermöge. Der Gesetzentwurf will daher den Zweck verfolgen, das Arbitrieren auf Wertpapiere wieder lebensfähig zu gestalten, um so mehr, als hierbei mit dem Bedürfnis des Handels — soll wohl heißen des Bankverkehrs — das der Reichsschatzverwaltung Hand in Hand gehe. Auch nimmt man — mit vollem Recht — an, daß eine Zunahme der Arbitragegeschäfte außer durch den günstigen Einfluß auf den Ertrag der Stempelabgabe auch durch die Steigerung der Post- und Telegrapheneinnahmen dem Reiche höhere Einkünfte zuführen werde. Die Begründung schildert dann in eingehender Weise die Bedeutung des Arbitrageverkehrs, der namentlich in kritischen und kriegerischen Zeiten dem deutschen Kapitalisten den Abstoß von Wertpapieren ohne zu erheblichen Kursdruck ermögliche, und legt dabei dar, wie dieser Verkehr infolge der Steuerbelastung zurückgegangen ist. Letzteres wird durch die Geringfügigkeit der bereits erwähnten, in den letzten Jahren auf den Umsatzstempel gewährten Rückvergütungen allerdings handgreiflich. Die Börse glaubt aber nicht daran, daß die dürftigen Erleichterungen, welche die Novelle bringt, dem Arbitrageverkehr wieder auf die Beine helfen werden. Man glaubt vielmehr, daß das Arbitragegeschäft seine alte Bedeutung nur durch die vollständige Befreiung von Abgaben wieder gewinnen könne. Einer solchen steht freilich das auch in der Begründung des Entwurfs hervorgehobene Bedenken entgegen, daß man ausländische Effekten von der Stempelabgabe nicht frei lassen kann, wenn inländische einer solchen unterliegen, und hier ist also guter Rat teuer, weil man erklärt, auf die Inlandsteuer nicht verzichten zu können.

Einer sehr unangenehmen Belastung des Arbitrageverkehrs, welche dadurch entsteht, daß der Arbitrageur beim Hereinnehmen von Auslandswerten die Stücke gleich mit dem deutschen Effektenstempel versehen lassen muß, und in der Regel vom Auslande nur ungestempelte Effekten erhält, auch wenn gestempelte daselbst in genügender Menge vorhanden sind, will der Entwurf abhelfen durch die bereits erwähnte Einrichtung des fakultativen Pauschalstempels. Danach sollen Auslandswerte dann in ungestempelten Stücken zulässig sein, wenn der ausländische Emittent oder ein ausländischer Vertreter desselben für mindestens $^1/_5$ des Gesamtbetrages der emittierten Wertpapiere die Steuer, sei es gleich, unter Vergütung von 3½ pCt. Zinsen, oder in 10 Jahresraten, pauschaliter entrichtet. Wie hoch die Abfindungssumme bemessen werden soll, ist der Entscheidung des Reichskanzlers vorbehalten, der, wie die Begründung sagt, dabei nicht ohne Hörung eines sachverständigen Beirats vorgehen werde. Es wird aber stets sehr schwer sein, die Zahl der voraussichtlich in den inländischen Verkehr gelangenden Stücke ausländischer Werte einigermaßen annähernd zu schätzen, und gerade aus dieser Frage werden sich zwischen dem Fiskus und den beteiligten Steuerpflichtigen wahrscheinlich meistens große Meinungsverschiedenheiten und infolgedessen umständliche Verhandlungen ergeben, die manches Geschäft schon im voraus unterbinden müssen.

Ueberdies ist die Bestimmung, daß bei der Pauschalversteuerung mindestens mit $^1/_5$ des Gesamtbetrages der betreffenden Emission gerechnet werden muß, jedenfalls in allen denjenigen Fällen sehr erschwerend, in welchen der betreffende Emittent oder der inländische Reflektant nicht die Sicherheit zu haben glauben, daß der Umsatz den für die Erleichterung vorgesehenen Umfang erreichen werde. Man wird in solchen Fällen also wohl auf die Pauschalversteuerung, sowie auf den deutschen Markt überhaupt verzichten.

Welchen Wert die Novelle somit in diesem Punkte haben wird, bleibt ebenfalls abzuwarten. Nach der Meinung der Sachverständigen besteht einstweilen die Besorgnis fort, daß die Belastung des Arbitrageverkehrs die guten ausländischen Werte vom deutschen Markt fernhalten, dagegen in größerem Umfange diejenigen minderwertigen Papiere demselben zuführen werde, denen es zwecks Unterbringung ohnehin auf eine höhere Belastung nicht ankommt.

Einen nahezu unverzeihlichen Mangel enthält die Novelle in der Verwirrung, welche sie bei der Bezugnahme auf den Tarif anrichtet. In demjenigen Teile des Tarifs, der die Sätze des Anschaffungsstempels anführt, wird nicht nur auf die Positionen des den Effektenstempel behandelnden Teiles verwiesen, sondern der Tarif über Kauf- und Anschaffungsgeschäfte soll nun auch noch neue Unterabteilungen erhalten, welche die Unübersichtlichkeit des Ganzen geradezu ins ungeheuerliche steigern. Mit Fug und Recht darf daher verlangt werden, daß der Tarif in zwei durchaus selbständige Teile zerlegt wird, von denen der eine den Effektenstempel und der andere den Anschaffungsstempel behandelt, wobei in dem letzteren die betreffenden Gattungen der Papiere von neuem namhaft gemacht und einzeln aufgeführt werden müssen, ohne daß auf die Ziffern des Tarifs für den Effektenstempel Bezug genommen wird.

Meine Herren! Die deutsche Industrie hat ja an dem ganzen Gesetze über die Stempelabgabe für Wertpapiere nur ein mittelbares Interesse, wohl aber kann es ihr nicht gleichgültig sein, ob die Kraft und der Einfluß der deutschen Börsen Einbußen erleiden, da derartige Einbußen notwendig eine Erschwerung des deutschen Geldmarktes zur Folge haben müssen, und die daraus sich ergebenden Rückwirkungen auch die Industrie unter Umständen sehr bedenklich treffen können.

Von diesem Gesichtspunkte aus hat daher auch der Centralverband alle Veranlassung, sich angesichts der beabsichtigten Gesetzesneuerung zu derselben auszusprechen. In der Begründung des Gesetzentwurfes heißt es zwar an einzelnen Stellen, daß Sachverständige die in Aussicht genommenen geringen Ermäßigungen der Steuersätze für ausreichend halten, um dem Börsenverkehr, dessen Vermittlung die Industrie für ihre Kapitalbedürfnisse nicht entbehren kann, neuen Mut und frische Kräfte zuzuführen. Nach den Folgen, welche die bestehende Steuergesetzgebung herbeigeführt hat, wird man aber eher geneigt sein, sich dem Urteil derjenigen Sachverständigen anzuschließen, die in den nach dem Gesetzentwurf geplanten Aenderungen in Wirklichkeit nur halbe und daher wenig wirkungsvolle Maßregeln erblicken. Ich glaube daher auf Ihre Zustimmung rechnen zu dürfen, wenn ich Ihnen die folgende Erklärung zur Beschlußfassung unterbreite:

„Bezüglich der Novelle zum Reichsstempelgesetz hegt der Centralverband die Besorgnis, daß die in dem vorliegenden Entwurf vorgesehenen Bestimmungen zur Abstellung der durch die jetzige Steuergesetzgebung verursachten Schäden, welche die Begründung der Gesetzesnovelle anerkennt, nicht ausreichen. Es ist daher im Interesse der deutschen Volkswirtschaft und insbesondere der Reichsfinanzen selbst als dringend wünschenswert zu erachten, daß die Ermäßigungen des Effekten- und Umsatzstempels durchgreifender gestaltet, und daß der Umsatz in deutschen Staatspapieren von jeder Abgabe freigelassen werde."

Vorsitzender: Meine Herren, ich darf wohl annehmen, daß Sie die Resolution genehmigen. Das ist der Fall; ich konstatiere das!

Meine Herren, damit ist unsere Tagesordnung erledigt, und ich danke Ihnen für Ihr langes Ausharren.

(Schluß 6 Uhr.)

III.

Die Hauptstelle Deutscher Arbeitgeberverbände.

Seit Mitte des Jahres 1903 befanden sich die Textilarbeiter der sächsischen Industriestadt Crimmitschau im Ausstande. Immer klarer trat dabei hervor, daß der Kampf in Crimmitschau von der Leitung der sozialdemokratischen Gewerkschaften als ein Kampf um die Macht gegenüber den Arbeitgebern geführt wurde, daß es sich hier um ein symptomatisches Vorgehen der Gewerkschaften handle, an dessen Zurückweisung die weitesten Kreise der deutschen Arbeitgeber gleichmäßig beteiligt waren. Die Anteilnahme an dem Kampfe wurde denn auch im Laufe des November und Dezember 1903 immer allgemeiner. Hatte schon seither der Arbeitgeberverband der sächsischen Textilindustrie den bedrängten Industriellen in Crimmitschau kräftige Hilfe geleistet, so brach sich jetzt die Ueberzeugung allgemein Bahn, daß die gesamte deutsche Industrie sich gegen den sozialdemokratischen Ansturm in Crimmitschau zu solidarischer Gegenwehr vereinigen müsse.

Am 15. Dezember beschloß in Kottbus eine Versammlung von Textilindustriellen, daß die deutschen Textilindustriellen den Fabrikanten in Crimmitschau ihre Unterstützung gewähren sollten, und am 16. Dezember wurde im Direktorium des Centralverbandes Deutscher Industrieller beschlossen, die sämtlichen im Centralverbande vereinigten Industrien zur Hilfe für Crimmitschau aufzurufen und gleichzeitig wurde die Geschäftsführung beauftragt, die Einleitungen zur Bildung eines großen deutschen Arbeitgeberverbandes zu treffen.

Am 17. Dezember 1903 erging ein Rundschreiben des Direktoriums des Centralverbandes an seine sämtlichen Mitglieder,*) während in den nächsten beiden Wochen der Geschäftsführer, H. A. Bueck, durch mündliche Aussprache mit zahlreichen Industriellen die Teilnahme weiter Kreise für die vom Centralverbande organisierte Hilfsaktion zu erwecken wußte. Mit solchem Erfolge, daß Anfang Januar 1904 den von dem Ausstand betroffenen Industriellen Crimmitschaus

*) Anlage 1.

erklärt werden konnte, die erforderlichen Unterstützungen seien gesichert, möge der Streik wie lange auch immer noch andauern.*)

Inzwischen waren die Vorarbeiten für die Bildung eines großen Arbeitgeberverbandes eifrig betrieben worden, die Reisen der Geschäftsführer nach den verschiedenen Teilen Deutschlands, und ein sehr umfangreicher Schriftwechsel, nicht nur mit den Mitgliedern, sondern auch mit zahlreichen außerhalb des Centralverbandes stehenden Industriellen, hatten der Leitung des Centralverbandes die sichere Ueberzeugung verschafft, daß die Aufforderung an die deutschen Arbeitgeber, sich gegen die Sozialdemokratie und die maßlosen Ansprüche der von ihr verhetzten Arbeiter zur Abwehr zusammenzuschließen, in der Industrie günstigen Boden finden werde. So konnte am 9. Januar der Presse die folgende Mitteilung gegeben werden:

> Der Versuch der Sozialdemokratie, die Crimmitschauer Arbeitgeber zu vergewaltigen, hat unter Führung des Centralverbandes Deutscher Industrieller weiteste Kreise der Industrie zur Abwehr vereinigt. Von den verschiedensten Seiten ist in den letzten Wochen aber auch an den Centralverband Deutscher Industrieller die Aufforderung ergangen, über den zeitigen Anlaß hinaus eine dauernde Organisation der deutschen Arbeitgeber zu schaffen, die unberechtigten Anforderungen agitatorisch verhetzter Arbeitermassen erfolgreichen Widerstand zu leisten vermag. Der Centralverband Deutscher Industrieller sieht in dieser vielfältigen Aufforderung, eine solche Organisation zu schaffen, ein ehrendes Zeichen des Vertrauens sehr zahlreicher deutscher Industrieller. In den nächsten Tagen findet eine Sitzung des Direktoriums des Centralverbandes Deutscher Industrieller statt, und die entscheidenden Beschlüsse, für die Herr Generalsekretär Bueck bei seinem kürzlichen Aufenthalt in Düsseldorf und Köln schon die Zustimmung sehr vieler hervorragender Industrieller erhalten hat, werden bereits in kürzester Zeit der Industrie unterbreitet werden.

Am 13. Januar faßte dann das Direktorium den Beschluß:

> eine Centralstelle der Arbeitgeberverbände zu errichten, um sie zur Bekämpfung unberechtigter Bestrebungen der Arbeiter miteinander in Verbindung zu bringen.

*) Vergl. dazu die Rundschreiben vom 24. Dezember 1903 und 6. Januar 1904; Anlage 2 und 3.

Zum 17. Januar hatte inzwischen der Verband von Arbeitgebern der sächsischen Textilindustrie eine Versammlung nach Berlin einberufen, über die in der Presse der folgende Bericht erschien:

Seitens des Verbandes von Arbeitgebern der sächsischen Textilindustrie war für Sonntag vormittag eine Versammlung von deutschen Industriellen nach Berlin berufen worden, um einen Plan zu einer einheitlichen Aktion in der Unterstützung der Crimmitschauer Fabrikanten zu besprechen und sodann die Frage zu erörtern, ob aus dem Streik in Crimmitschau die Notwendigkeit des Zusammenschlusses aller Arbeitgeber der deutschen Industrie zu einem großen Verbande sich ergebe. Der Einladung hatten zahlreiche Industrielle, insbesondere auch Vertreter größerer Verbände aus dem ganzen Deutschen Reiche Folge gegeben. Der Vorsitz wurde dem Geheimen Kommerzienrat Vogel-Chemnitz übertragen, welcher in kurzen Worten die Entstehung und den bisherigen Verlauf des Crimmitschauer Streiks darlegte. Wenngleich den Anwesenden das Thema vollständig geläufig war, so folgten sie doch mit gespannter Aufmerksamkeit den ruhigen und sachlichen Ausführungen des Redners, der namentlich durch zahlreiche Beispiele die Tyrannei der sozialdemokratischen Führer sowohl gegenüber den Arbeitgebern wie gegenüber den Arbeitern illustrierte und dabei ganz besonders scharf betonte, wie die Crimmitschauer Arbeitgeber alles versucht haben, um den Frieden mit ihren Arbeitern aufrecht zu erhalten, bis es eben nicht mehr weiter ging. Die Arbeitgeber in Crimmitschau seien darum auch entschlossen, unter allen Umständen auszuharren. Sie wollten keine Unterstützung, aber auch keine Vermittelung seitens der Regierung. Die Geldmittel, welche notwendig sind, um die Arbeitgeber zu unterstützen und die Betriebe in Crimmitschau aufrecht zu erhalten, seien reichlich vorhanden, so daß das Anerbieten eines großen Bankinstituts, in den Kreisen der deutschen Bankwelt eine Sammlung in großem Stil für die Crimmitschauer Arbeitgeber einzuleiten, vorläufig mit Dank abgelehnt werden konnte. Es seien zur Zeit 50 000 M. per Woche nötig, und dieser Betrag sei, dank dem tatkräftigen Eingreifen des Centralverbandes Deutscher Industrieller, auf längere Zeit schon gesichert. Die Ausführungen des Vortragenden, welche häufig durch lebhaften Beifall unterbrochen wurden, fanden allseitige Zustimmung und wurden seitens mehrerer in der Versammlung anwesenden Fabrikanten aus Crimmitschau noch weiter illustriert. Einstimmig wurde der Leitung der Crimmitschauer Arbeitgeberschaft das vollste Vertrauen der

Versammlung ausgesprochen und zugleich der Hoffnung Ausdruck gegeben, daß die Arbeitgeber Crimmitschaus wie bisher auch weiter bis zum Siege ausharren werden.

In der darauf folgenden Besprechung der Frage des Zusammenschlusses aller Arbeitgeber der deutschen Industrie zu einem großen Verbande wurde naturgemäß immer wieder in allererster Reihe auf die Crimmitschauer, aber auch auf zahlreiche andere Vorfälle zurückgegriffen. Jeder der Redner war in der Lage, aus eigenen Erfahrungen den unheilvollen Einfluß zu schildern, den die Tyrannei der Sozialdemokratie auf die Arbeitswilligen ausübt und zu seinem Teile den Gedanken, durch festen Zusammenschluß der Arbeitgeber diesen Einfluß zu brechen, zu befürworten. In eindringlicher Weise schilderte der Vorsitzende die Zustände in den sächsischen Industriegegenden und den segensreichen Einfluß, welchen der Verband der Arbeitgeber der sächsischen Textilindustrie durch sein festes und geschlossenes Auftreten bereits errungen hat. Nach längerer Diskussion wurde einstimmig auf Antrag des Generalsekretärs des „Bayerischen Industriellen-Verbandes" Dr. Kuhlo folgende Resolution angenommen:

> „Die heute im Hotel Kaiserhof versammelten Industriellen und Vertreter industrieller Verbände erklären es einstimmig für eine dringende Notwendigkeit, daß ein Allgemeiner deutscher Arbeitgeberverband ins Leben gerufen wird und haben zu diesem Zwecke ein aus 11 Mitgliedern bestehendes Komitee gewählt, welches die weiteren Schritte zur Verwirklichung dieses Beschlusses zu veranlassen hat."

Das Komitee, das unter der Leitung des stellvertretenden Vorsitzenden des Centralverbandes Deutscher Industrieller, Herrn R. Vopelius-Sulzbach, stand, wurde durch Zuwahl bis auf 30 Mitglieder ergänzt, sodaß ihm schließlich folgende Herren angehörten:

Herr Hüttenbesitzer, Mitglied des Herrenhauses Vopelius-Sulzbach,
„ Kommerzienrat Aust-München,
„ Kommerzienrat W. P. Berding-Linden.
„ Generalsekretär Dr. Beumer-Düsseldorf,
„ Herm. Blohm-Hamburg,
„ Kommerzienrat Dr. H. Brunck-Ludwigshafen a. Rh.,
„ Generalsekretär Bueck-Berlin,
„ Professor Dr. Duisberg-Elberfeld,

Herr Bergmeister Engel-Essen,
" Kommerzienrat Groß-Augsburg,
" Kommerzienrat Paul Heckmann-Berlin,
" Direktor Ernst Heller-Hannover.
" Kommerzienrat Dr. J. F. Holtz-Berlin,
" Generaldirektor Kamp-Laar,
" Geh. Kommerzienrat Kirdorf-Rheinelbe,
" Geh. Regierungsrat König-Berlin,
" Geh. Bergrat Krabler-Altenessen,
" Rechtsanwalt Krüll-Elberfeld,
" Generalsekretär Dr. Kuhlo-München,
" Regierungsrat a. D. Dr. Leidig-Berlin,
" Fabrikbesitzer und Landtagsabgeordneter Johannes Menck-Altona,
" Freiherr von Reiswitz-Hamburg,
" Dr.-Ing. Schrödter-Düsseldorf,
" Kommerzienrat H. Semlinger-Bamberg,
" Direktor Stark-Chemnitz,
" Geh. Kommerzienrat Vogel-Chemnitz,
" Kommerzienrat Vorster-Köln,
" Generalsekretär Dr. Wendlandt-Friedenau,
" Kommerzienrat Wiethaus-Hamm i. W.
" Geh. Kommerzienrat Wirth-Berlin,

Der Ausstand in Crimmitschau brach plötzlich zusammen. Die Leitung der sozialdemokratischen Gewerkschaften befürchtete, gegenüber dem Zusammenschluß der deutschen Arbeitgeber, die Massen nicht mehr zusammenhalten zu können, und da die immer zahlreicher werdenden Arbeitswilligen als Feinde der im Ausstande Verbleibenden behandelt werden und aus den Gewerkschaften ausgestoßen werden mußten, so mußte die Leitung für den Bestand der gewerkschaftlichen Organisation in Crimmitschau befürchten, wenn nicht baldigst der Kampf abgebrochen wurde. Vielleicht hoffte man auch, dadurch die Bestrebungen nach einer umfassenden Organisation der Arbeitgeber vereiteln zu können. Genug, am 19. Januar meldeten sich die Ausständigen, auf Weisung des Streikkomitees, wieder zur Arbeit. Damit war der unmittelbare Anlaß zur Sammlung von Geldern in der deutschen Arbeitgeberschaft in Wegfall gekommen, die beiden Rundschreiben vom 20. und 25. Januar beziehen sich auf diese neue Sachlage.*) Die Vorarbeiten zum Zusammenschluß der deutschen

*) Anlage 4 und 5.

Arbeitgeber wurden indes durch die Beendigung des Crimmitschauer Streiks nicht unterbrochen. Am 15. Februar trat das von der Versammlung vom 17. Januar gewählte Komitee zu einer allgemeinen Aussprache zusammen, die mit der Einsetzung einer Unterkommission von sechs Mitgliedern — den Herren Vopelius, Dr. Beumer, Dr. Leidig, Menck, Stark und Dr. Wendlandt — abschloß. Diese Unterkommission sollte einen Satzungsentwurf vorbereiten. Den Verhandlungen wurde ein von Dr. Leidig ausgearbeiteter Entwurf zu Grunde gelegt. In sehr eingehenden Beratungen und in zweifacher Lesung wurde dann ein Entwurf festgestellt, über den sich bis auf zwei Punkte völlige Einstimmigkeit ergeben hatte. Alle in der Presse verbreiteten Mitteilungen, als ob sich in der Unterkommission oder später tiefgehende sachliche Meinungsverschiedenheiten gezeigt haben, sind unrichtig; die einzige Differenz, die bestand, war die, ob dem Centralverbande Deutscher Industrieller satzungsgemäß ein Einfluß auf die Hauptstelle gegeben werden solle oder ob, wie dies die Gegner dieses Verlangens wollten, dieser Einfluß sich lediglich dadurch tatsächlich geltend machen dürfe, daß die leitenden Personen des Centralverbandes auch in die leitenden Stellen des neuen Verbandes hineingewählt werden. Die Mehrheit der Unterkommission glaubte dem Centralverbande den von ihm für nötig erachteten satzungsgemäßen Einfluß in der neuen Organisation zuerkennen zu sollen, im übrigen wurden von den Vertretern des Centralverbandes der anderen Anschauung recht weitgehende Zugeständnisse sachlicher und persönlicher Art gemacht.

Das Direktorium des Centralverbandes hielt es bei der Wichtigkeit der ganzen Angelegenheit für notwendig, bevor der Entwurf der Unterkommission wieder in dem größeren Komitee zur Beratung kam, seinerseits die Aeußerung des Ausschusses des Centralverbandes über die weiteren Maßnahmen herbeizuführen. In der zahlreich besuchten Ausschußsitzung vom 17. März ging nun die Ansicht der ganz überwiegenden Mehrheit dahin, daß die Vertreter des Centralverbandes nur das unbedingt Nötige zur Wahrung der Interessen des Centralverbandes verlangt gehabt haben und in ihren Anerbietungen hinsichtlich der Gestaltung der neuen Organisation den Vertretern der anderen Anschauung schon bis an die zulässige Grenze entgegengekommen seien. Der Ausschuß war aber trotzdem allgemein der Ansicht, alle Anerbietungen zur gemeinsamen Arbeit aufrecht zu erhalten, sofern in der Komiteesitzung vom 18. März die von der Unterkommission beschlossenen Satzungen einstimmige Annahme finden würden und damit die Hoffnung, die gesamte deutsche Industrie zu einer umfassenden

Organisation zusammenzuschließen, der Verwirklichung nahegerückt werde. Sollten dagegen die Gruppen, denen man in den Vorschlägen der Unterkommission entgegenkommen wolle, trotzdem die Mitarbeit ablehnen, so solle der Centralverband die Organisation der deutschen Industrie gegen unberechtigte Ansprüche der sozialdemokratisch verhetzten Arbeiter selbständig in die Hand nehmen.

In der Komiteesitzung vom 18. März konnte sich leider die Minderheit nicht entschließen, die Vorschläge der Unterkommission zu akzeptieren, so war nunmehr für den Centralverband das selbständige Vorgehen zur Pflicht geworden. Die neue Sachlage schildert das Rundschreiben vom 22. März.*) Gleichzeitig wurde der Ausschuß auf den 11. und die Delegiertenversammlung des Centralverbandes Deutscher Industrieller auf den 12. April zusammenberufen; in der Delegiertenversammlung wurden dann die Satzungen

„der Hauptstelle Deutscher Arbeitgeberverbände"**)

einstimmig angenommen und diese Hauptstelle begründet, die seitdem auch bereits ihre Tätigkeit aufgenommen hat.

Der Geist, in dem die neue Organisation wirksam sein will, ergibt sich wohl deutlich aus der Veröffentlichung der Geschäftsführung vom 22. April d. J. Diese rückschauenden Betrachtungen mögen daher mit diesem Ausblicke auf die zukünftige Tätigkeit der Hauptstelle abgeschlossen werden. In der Veröffentlichung heißt es wie folgt:

> Vielfach wird die Behauptung ausgesprochen, daß der Centralverband, in Verfolgung seiner bisherigen scharfen Stellungnahme zu den Arbeiterfragen und gegenüber der Sozialdemokratie, die „Hauptstelle" lediglich zu einer Kampforganisation gegen die Arbeiter, zur Einengung des Koalitionsrechtes und zur Verschlechterung der materiellen Lage der Arbeiter ausgestalten werde.
>
> Das Koalitionsrecht ist von der Sozialdemokratie wider Gesetz und Recht in den Koalitionszwang umgewandelt worden. Mit Hilfe beider, mit dem Koalitionsrecht und dem Zwang, ist die Sozialdemokratie bestrebt, dem Arbeitgeber die Bedingungen des Arbeitsvertrages aufzuzwingen. Das Mittel zum Zweck ist die Störung der Arbeit. Gegen diese Mißstände anzukämpfen soll Aufgabe der Hauptstelle sein.
>
> Und nun beachte man folgendes. Der Privatunternehmer aus berechtigtem Eigennutz, die Leiter der großen Unternehmungen, von zahllosen Beteiligten, denen Milliarden zur Verwertung anvertraut sind, haben beide, besonders die letzteren in ihrer höchst

---

*) Anlage 6.
**) Anlage 7.

verantwortlichen Stellung, das größte Interesse, jede Störung der Arbeit zu vermeiden; denn jede solche Störung bringt Verlust, und in den immer schwerer werdenden Zeiten ist ein befriedigendes Ergebnis der Betriebe nur von einer ununterbrochenen Kontinuität der Arbeit zu erhoffen. Dieser Gesichtspunkt allein, ganz abgesehen von der sonstigen Pflichterfüllung den Arbeitern gegenüber, sollte schon genügen, um zu erweisen, daß die höchsten Interessen des Arbeitgebers selbst es erfordern, den Arbeitern so weit als irgend möglich entgegenzukommen, sie nach Lage des Geschäfts so gut wie irgend tunlich zu stellen, um den Frieden zu erhalten; denn wenn irgendwo, so verzehrt in der Industrie der Unfriede.

Der Centralverband hat wohl genugsam erwiesen, daß er die Interessen der Industrie zu würdigen und zu pflegen versteht. Sollte er wirklich so verblendet sein, in dieser bedeutungsvollen Frage dadurch gegen das Interesse der Industrie zu handeln, daß er den Kampf gegen die Arbeiter zum Losungswort für die „Hauptstelle“ macht? Sicher nicht. Er wird, so weit sein Einfluß reicht, die „Hauptstelle“ so gestalten, daß sie im Interesse der Arbeitgeber wie der Arbeiter den Frieden pflegt und hegt, so lange es irgend geht. Als scharfe Waffe soll sie sich aber erweisen, wenn der Friede, wenn die Arbeit mutwillig von den Arbeitern gestört wird. Dann wird der Kampf energisch geführt werden. Das Rüstzeug dazu soll in Bereitschaft sein. Wir glauben, daß diese Bereitschaft auch schon zur Erhaltung des Friedens beitragen wird. Der notwendig werdende Kampf aber wird auch im Interesse derjenigen Arbeiter geführt werden, die nur unter dem Zwange der Sozialdemokratie die Arbeit und den Frieden stören. Sie sollen in Zukunft gegen diesen ihnen aufgezwungenen Kampf geschützt werden. So wird die Organisation der Arbeitgeber unter der Führung des Centralverbandes diejenige große sozialpolitische Aufgabe zu lösen suchen, zu deren Erfüllung nach Lage der Verhältnisse die Gesetzgebung sich **unfähig erwiesen hat.**

IV.

Urkunden zur Begründung der Hauptstelle Deutscher Arbeitgeberverbände.

Anlage 1.

Berlin, den 17. Dezember 1903.

An sämtliche
Mitglieder des Centralverbandes Deutscher Industrieller.

Betrifft den Arbeiterausstand in Crimmitschau.

Seit siebzehn Wochen stehen die Fabriken in Crimmitschau in der Hauptsache still; seit dieser Zeit befinden sich die Arbeiter der Textilindustrie dort im Ausstand. Der Ausgang der Bewegung, das Verlangen des zehnstündigen Arbeitstages unter zehnprozentiger Lohnerhöhung, ist längst überholt; heute handelt es sich in dem Kampfe darum, ob der industrielle Unternehmer die freie Selbstbestimmung über seinen Betrieb behalten soll oder ob er sich dem Willen sozialdemokratischer Gewerkschaften beugen muß.

Die sozialdemokratische Partei in ganz Deutschland ist sich der grundsätzlichen Wichtigkeit des Kampfes, der in Crimmitschau ausgefochten wird, voll bewußt. Die gesamte sozialdemokratische Organisation, ihre Presse, die reichen Parteimittel, zu denen die deutschen Arbeiter fronden müssen, sie sind den Ausständigen zur Verfügung gestellt. Einschüchterung und jede Art von sozialdemokratischem Terrorismus suchen die Arbeitswilligen abzuschrecken.

Seit siebzehn Wochen halten die wackeren Fabrikanten Crimmitschaus dem sozialdemokratischen Ansturm stand.

Nicht allein für sich, für die gesamte deutsche Industrie stehen sie im Kampf und unterliegen sie, so bricht sicherlich der Kampf alsbald an vielen anderen Orten mit vermehrter Kraft wieder aus. Ein Sieg der Ausständigen würde das Selbstbewußtsein der sozialdemokratischen Partei ins Ungemessene steigern, schwere Erschütterungen des deutschen Wirtschaftslebens würden von solchem Ausgang des Kampfes zu befürchten sein.

Diesem Vorstoße, der durch die sozialdemokratischen Organisationen aus ganz Deutschland Unterstützung gefunden hat, muß der unbeugsame Widerstand weitester industrieller Kreise entgegentreten, die an dem Selbstbestimmungsrecht des Unternehmers in seinem Betriebe als einer Grundbedingung aller industriellen Tätigkeit festhalten.

Einig und treu halten die Crimmitschauer Industriellen zusammen. Aber ihre Opfer sind groß und ihre Verluste sind schwer. Ihre schnelle und reichliche Unterstützung ist notwendig.

Wie sie im Vorkampfe für die deutsche Industrie gegen die Sozialdemokratie stehen, so muß die deutsche Industrie ihnen Sympathie und tatkräftige Hilfe bieten. Jedes einzelnen Industriellen Sache wird in Crimmitschau ausgefochten, jeden geht der Ausgang dieses Kampfes an.

In ernster Stunde wendet sich daher das Direktorium des Centralverbandes Deutscher Industrieller an alle Mitglieder, in erster Reihe an die Angehörigen der Textilindustrie, und bittet sie dringend, ihm schnell und reichlich Geldmittel zur Unterstützung der Crimmitschauer Fabrikanten zur Verfügung zu stellen.

Um der grundsätzlichen Wichtigkeit des Kampfes willen halten wir es für nötig, daß nicht die einzelnen Industriellen, nicht der einzelne Industrieverein, sondern der Centralverband, als die Gesamtvertretung der großen Mehrzahl deutscher Industrieller, die Hilfe für die Arbeitgeber in Crimmitschau organisiert und zur Durchführung bringt. Es gilt den Versuch gewissenloser Agitatoren, die ruhige und erfolgreiche Entwickelung der deutschen Industrie wieder und wieder zu stören, mit machtvoller Energie der geeinten Industriellen zurückzuweisen.

Die betreffenden Gelder bitten wir unter der Bezeichnung: „Für den Centralverband Deutscher Industrieller“ an die Direktion der Diskontogesellschaft zu Berlin W., Unter den Linden 35, überweisen und dem mitunterzeichneten Generalsekretär Bueck schriftlich von der Einzahlung Kenntnis geben zu wollen.

Ueber die Verwendung der Gelder wird das Direktorium nach eingehender Prüfung der Verhältnisse Verfügung treffen.

Das Direktorium
des Centralverbandes Deutscher Industrieller.

Der Vorsitzende:
J. V.:
R. Vopelius.

Der Geschäftsführer:
H. A. Bueck.

Anlage 2.

Berlin, den 24. Dezember 1903.

An die
Mitglieder des Centralverbandes Deutscher Industrieller.

Nachdem wir das Rundschreiben vom 17. d. M. an unsere Mitglieder gerichtet hatten, sind uns Berichte von dem „Verband von Arbeitgebern der Sächsischen Textilindustrie in Chemnitz“ und von dem „Fabrikanten- und Webschulverein in Crimmitschau“ zugegangen. Aus diesen Berichten ist zu entnehmen, daß der Streikkommission der Arbeiter reiche Mittel zur Verfügung stehen und daß eine baldige Beendigung des Ausstandes wohl nicht zu erwarten ist.

Beides wird von dem „Vorwärts, Centralorgan der sozialdemokratischen Partei Deutschlands“, bestätigt. Er veröffentlichte in seiner Nummer vom 20. d. M. einen Bericht des Vorsitzenden der Generalkommission der sozialdemokratischen Gewerkschaften, Legien. Dieser erachtete es als eine selbstverständliche Pflicht aller Gewerkschaften, die Crimmitschauer Arbeiter zu unterstützen und den Kampf weiter zu führen. Bis Ende Januar seien die Unterstützungen der Ausständigen durch Geldmittel bereits gesichert. Er habe keine Veranlassung gehabt, Einigungsvorschläge zu machen, denn er sei überzeugt, daß in der gegenwärtigen den Ausgesperrten durchaus günstigen Situation wohl die Fabrikanten, nicht aber die „Ausgesperrten“ ein Interesse an der Einleitung von Einigungsverhandlungen hätten.

Diese Angaben werden von dem „Vorwärts“ in seiner Nummer vom 23. d. M. bestätigt. Er berichtet, daß den Ausständigen für die Weihnachtswoche der doppelte Betrag der Unterstützung ausgezahlt worden sei.

Mit Bezug auf eventuelle, von der Sächsischen Regierung einzuleitende Vermittelungsversuche betrachtet der „Vorwärts“ die Ausständigen bereits als die Sieger. Er sagt: „Daß sie (die Arbeiterschaft) jetzt freilich nicht mehr zu den Bedingungen in die Fabrik gehen wird, zu denen sie vor einem Monat noch bereit gewesen wäre, kann man ihr nicht verdenken. Regierung und Fabrikanten können dem Sieger nicht die Bedingungen diktieren, unter denen er die Schlacht abbrechen soll.“

Diese Siegeszuversicht stützt sich auf die den Anstiftern des Aufstandes in der Tat zufließenden reichen Mittel. Uns ist bekannt, daß die organisierten Arbeiter in Berlin wöchentlich 50 Pfennige für die Ausständigen in Crimmitschau steuern müssen, und wir wissen genau, daß unter dem ausgeübten Drucke die Steuer auch von solchen Arbeitern geleistet wird, die keiner Organisation angehören und Gegner der Sozialdemokratie sind.

Außer dieser regelmäßigen Steuer werden auch noch freiwillige Sammlungen in den Werkstätten veranstaltet, über deren Ergebnis einschließlich sonstiger freiwilliger Spenden der „Vorwärts" vom 24. d. M. einen Gesamtbetrag von 134741,68 M. quittiert.

Aehnlich wird es im ganzen Reiche zugehen; unsere Mitglieder werden sich daher leicht ein Bild von den der Sozialdemokratie zur Verfügung stehenden Mitteln machen können.

Ebenso werden sie aber als Unternehmer und Arbeitgeber auch in der Lage sein, selbst die gewaltigen Opfer zu erkennen, die vonden Fabrikanten in Crimmitschau gebracht werden und die Verluste zu schätzen, die sie erleiden. Auch ist es selbstverständlich und daher kein Geheimnis, daß es in solchen Fällen immer finanziell schwächere Arbeitgeber gibt, die ohne Unterstützung den Widerstand nicht aushalten können.

Daher ist in der Tat ein sehr hoher wöchentlich zu leistender Betrag zur Unterstützung der Arbeitgeber in Crimmitschau erforderlich. Ihn aufzubringen ist die nächstbeteiligte, die Textilindustrie allein nicht imstande. Daher müssen die übrigen deutschen Industrien tatkräftigen Beistand leisten.

Das zu tun gebietet ihr eigenes höchstes Interesse. Der Ausstand in Crimmitschau ist von einer Bedeutung, wie sie bisher noch keine Arbeiterbewegung im Deutschen Reiche gehabt hat, denn der dort zum Austrag gelangende Kampf ist ein solcher der gesamten deutschen Sozialdemokratie gegen die gesamte deutsche Arbeitgeberschaft um eine Machtfrage, um die Frage, ob der Arbeitgeber Herr in seiner Werkstätte sein soll oder die sozialdemokratische Organisation, d. h. der sozialdemokratische Agitator.

Wir bitten unsere Mitglieder, unsere Mitteilungen und die sich daraus ergebende Sachlage bei Bemessung ihrer Unterstützungen ernstlich zu beachten und dabei zu erwägen, daß es bei dem einmaligen Beitrage nicht bewenden kann, sondern daß voraussichtlich fortlaufende Zuwendungen erforderlich sein werden. Denn die Arbeitgeber müssen in diesem ihnen aufgedrungenen schweren Kampfe um ihre berechtigte Stellung den Sieg erringen.

Schließlich richten wir an die Vorstände und die Geschäftsführungen der dem Centralverbande angeschlossenen Vereine, Verbände und Syndikate die dringende Bitte, unser Rundschreiben vom 17. d. M., soweit es noch nicht geschehen ist, und auch dieses Rundschreiben an ihre Mitglieder zu versenden. Die erforderlichen Exemplare sind von unserer Geschäftsführung kostenfrei zu beziehen.

Das Direktorium
des Centralverbandes Deutscher Industrieller.

Der Vorsitzende:
I. V.:
Vopelius.

Der Geschäftsführer:
H. A. Bueck.

Anlage 3.

Berlin, den 6. Januar 1904.

An die
Mitglieder des Centralverbandes Deutscher Industrieller.

Unsere Rundschreiben vom 17. und 24. Dezember v. J. haben den erfreulichen Erfolg gehabt, daß uns sofort erhebliche Geldmittel zugegangen sind und ferner, daß der ernste, feste Wille der Industriellen, auch solcher, die dem Centralverbande als Mitglieder nicht angehören, festgestellt worden ist, den im Kampfe gegen die Sozialdemokratie stehenden Arbeitgebern in Crimmitschau den erforderlichen Beistand zu leisten, solange der Ausstand dauern mag.

Dabei ist vielfach der von uns als berechtigt anerkannte Wunsch nach einem Maßstab für die Bemessung der Beiträge für die Hilfsaktion an uns herangetreten. Dazu kam die Erkenntnis, daß die bei den reichen Mitteln der Sozialdemokratie voraussichtliche lange Dauer des Ausstandes die fortlaufende Leistung möglicherweise erhöhter Unterstützungsgelder erforderlich machen werde. Von diesen Gesichtspunkten erschien eine gewisse Organisation der Beitragsleistung wünschenswert.

Diese nur in gewissen Grenzen mögliche Organisation glauben wir in folgender Weise herbeiführen zu können. Wir richten an die Vorstände und Geschäftsführungen der unserem Verbande angeschlossenen Vereine, Verbände und Syndikate die Bitte, einen Modus für die Beitragsleistung ihrer Mitglieder aufzustellen und sie zu periodischen, etwa wöchentlichen oder monatlichen Zahlungen nach diesem Modus aufzufordern. Als Maßstab könnte angenommen werden ein Beitrag auf den Kopf der Arbeiter, ein solcher in einem Prozentsatze von der Lohnsumme oder von einer gewissen Menge der Erzeugung.

Wenn die geehrten Vorstände und Geschäftsführungen, wie wir dringend bitten, diese Maßregel mit tunlichster Beschleunigung und Energie durchführen, so werden sie in der Lage sein, uns bis spätestens gegen Ende dieses Monats den von ihren Mitgliedern geleisteten Betrag aufzugeben. Aus der Summe dieser Aufgaben werden wir ersehen können, ob der Bedarf nicht gedeckt, oder ob er überzeichnet wird. Danach werden wir imstande sein, den Vereinen für die Regulierung ihrer Beiträge weitere Vorschläge machen zu können.

Wir erkennen den Mangel an, daß das jetzt nicht bereits geschieht, aber wie den Mitgliedern, so fehlt auch uns gegenwärtig jeder Maßstab für die Höhe der einzelnen Beitragsleistung, da die Teilnahme an derselben noch nicht zu übersehen ist.

Um aber doch gewisse Anhaltspunkte zu geben, gestatten wir uns mitzuteilen, daß bei den Verhandlungen, die unser Geschäftsführer Bueck in dieser Sache in den letzten Tagen mit den leitenden Kreisen der rheinisch-westfälischen Industrie geführt hat, folgende Ergebnisse erzielt worden sind:

Die Notwendigkeit der Leistung bis auf weiteres fortlaufender Beiträge für den hier in Rede stehenden Zweck wurde allgemein anerkannt.

Die Nordwestliche Gruppe des Vereins Deutscher Eisen- und Stahl-Industrieller beschloß, ihre Mitglieder aufzufordern, für die Zeit vom 1. bis 31. Januar cr. 50 Pfennige vom Kopf der beschäftigten Arbeiter zu zahlen, diese Aufforderung in vierwöchentlichen Perioden so lange zu erneuern, als der Bedarf es erfordert, und dem Verein Deutscher Eisen- und Stahl-Industrieller anheimzugeben, die anderen Gruppen aufzufordern, in gleicher Weise vorzugehen.

Der Verein der Industriellen im Regierungs-Bezirk Köln hat beschlossen, seine Mitglieder aufzufordern, bis auf weiteres ½ pCt. von der Lohnsumme in wöchentlichen oder monatlichen Raten zu zahlen. Die in der betreffenden Vorstandssitzung anwesenden zahlreichen Vertreter hervorragender industrieller Unternehmungen verpflichteten sich sofort, dieser Aufforderung nachzukommen.

Bei dieser Ordnung der Beitragsleistung muß selbstverständlich Rücksicht auf diejenigen Vereine und Einzelmitglieder genommen werden, die zum Teil sehr hohe Beiträge bereits gezeichnet und gezahlt haben.

Wir möchten zunächst annehmen, daß diese Beiträge von den Zeichnern als solche betrachtet werden, die uns opferwillig zur Bildung eines Fonds für die sofortige Hilfeleistung und sozusagen à fonds perdu gegeben worden sind, und daß sie nicht Anstand nehmen werden, sich an der organisierten, regelmäßigen Beitragszahlung gleichfalls zu beteiligen. Diejenigen Geber aber, die glauben sollten mit ihrer einmaligen Zeichnung geleistet zu haben, was sie für die Sache nach Maßgabe ihrer Verhältnisse überhaupt leisten konnten, sollten berechtigt werden, den auf sie fallenden Betrag der organisierten, fortlaufenden Beitragszahlung von ihrer einmaligen Zeichnung abzuschreiben, dagegen aber verpflichtet sein, in die Reihe der periodischen Zahler einzutreten, wenn die Abschreibung ihrer ganzen Zeichnung stattgefunden hat.

Wir richten nochmals die dringende Bitte an die Vereinsvorstände und Geschäftsführungen, den hiermit vorgelegten Plan mit größter Beschleunigung zur Ausführung zu bringen. Ferner bitten wir tunlichst bald, spätestens aber bis gegen Ende dieses Monats, unserer Geschäftsstelle mitzuteilen, wie groß die Beträge sind, die uns zur Verfügung gestellt werden, und in welchen Zeitabschnitten das geschehen wird.

Wir lassen dieses Rundschreiben auch unseren Einzelmitgliedern zugehen, um ihnen, wenn sie von ihrem Spezialvereine vielleicht keine Aufforderung erhalten sollten, einen ungefähren Maßstab für ihre Beteiligung zu geben.

Endlich bitten wir unsere Mitglieder, sofern sie nicht an der nebenher gehenden Hilfeleistung eines Teiles der Textilindustriellen beteiligt sind, keine unmittelbaren Zahlungen an den Verein von Arbeitgebern der Sächsischen Textilindustrie oder an die Fabrikanten in Crimmitschau zu leisten. Mit diesen beiden Stellen haben bestimmte Verabredungen über den Bedarf und die Deckung desselben stattgefunden. Die ganze Hilfsaktion würde unklar und unübersichtlich werden, wenn die Beiträge unserer Mitglieder nicht durch unsere Hände gingen. Wir bitten daher die geehrten Mitglieder, unseren früheren Rundschreiben entsprechend, ihre Beiträge für uns an die Direktion der Diskonto-Gesellschaft zu Berlin abzuführen.

Das Direktorium
des Centralverbandes Deutscher Industrieller.

Der Vorsitzende:
J. V.:
R. Vopelius.

Der Geschäftsführer:
H. A. Bueck.

Anlage 4.

Berlin, den 20. Januar 1904.

An sämtliche
Mitglieder des Centralverbandes Deutscher Industrieller.

Betrifft: Die Beendigung des Ausstandes in Crimmitschau.

Aus der Tagespresse werden die Mitglieder des Centralverbandes bereits erfahren haben, daß der Ausstand der Arbeiter in Crimmitschau beendet ist. Auf den Rat ihrer Führer haben die Arbeiter sich am Dienstag, den 19. Januar, bedingungslos wieder zur Arbeit gemeldet. Nach dem Verhalten und den Aeußerungen der Vertreter der ausständigen Arbeiter, sowie der sozialdemokratischen Presse und nach allen, den Ausstand begleitenden Nebenumständen, mußte mit einer vielleicht noch langen Dauer des Ausstandes gerechnet werden; das schnelle Ende kam daher unerwartet und überraschend. Unverkennbar hat das von den deutschen Industriellen bekundete Bewußtsein der Solidarität ihrer Interessen, die große Opferwilligkeit, mit der es vor die Oeffentlichkeit trat, und die bestimmt ausgesprochene Absicht, einen festen Zusammenschluß der deutschen Arbeitgeber zu bilden, um die Uebergriffe der organisierten Arbeiter zurückzuweisen, dazu beigetragen, die sozialdemokratischen Anstifter des Ausstandes von der Aussichtslosigkeit des Kampfes zu überzeugen.

Unter diesen Umständen ist es meine Pflicht, den Mitgliedern des Centralverbandes anzuzeigen, daß die Einsendung von weiteren Beiträgen zur Unterstützung der Arbeitgeber in Crimmitschau nicht mehr erforderlich ist.

Gleichzeitig mit dieser Mitteilung habe ich den stellvertretenden Vorsitzenden, Herrn Major Vopelius, gebeten, Bestimmungen zu treffen über die weitere Behandlung der mit der eingeleiteten Hilfsaktion verbundenen, teils bereits ausgeführten, teils in der Ausführung begriffenen Maßnahmen. Ein bezügliches Rundschreiben wird den Mitgliedern des Centralverbandes und denjenigen außerhalb des Centralverbandes stehenden industriellen Kreisen, die sich an dessen Hilfeleistung in dankenswerter Weise beteiligt haben, in den nächsten Tagen zugehen.

Hochachtungsvoll

Der Geschäftsführer
des Centralverbandes Deutscher Industrieller.
H. A. Bueck.

Anlage 5.

Berlin, den 25. Januar 1904.

An sämtliche Mitglieder
des Centralverbandes Deutscher Industrieller.

Betrifft die Beendigung des Ausstandes in Crimmitschau.

Von unserem Geschäftsführer haben die Mitglieder unseres Verbandes durch Rundschreiben vom 20. d. M. bereits Kenntnis davon erhalten, daß die ausständigen Arbeiter in Crimmitschau sich am 19. d. M. bedingungslos wieder zur Arbeit gemeldet haben. Damit ist die von der Sozialdemokratie so frevelhaft veranlaßte Kraftprobe für dieses Mal beendet. Unsere Mitglieder sind von dem Geschäftsführer weiter dahin verständigt worden, daß die Einsendung von Beiträgen zur Unterstützung der durch den Ausstand so schwer geschädigten Arbeitgeber in Crimmitschau somit weiter nicht erforderlich ist.

Die Sozialdemokratie wird nun zu erweisen haben, daß sie die reichen Mittel, auf die sie zur Ermutigung der Ausständigen pochte, und die vielgerühmte Opferwilligkeit besitzt. Denn an ihr wird es sein, die bejammernswerten Opfer dieser mutwillig herbeigeführten Kraftprobe, diejenigen Arbeiter dauernd und ausreichend zu unterstützen, die nicht wieder eingestellt werden können, entweder, weil ihre Stellen während des Ausstandes bereits durch Arbeitswillige besetzt werden konnten, oder weil die lange Geschäftsstörung den Arbeitgebern die volle Aufnahme der Betriebe nicht ermöglicht, oder weil sie, von der Sozialdemokratie geschürt und verhetzt, ihre Mitarbeiter zum Ausstand verleitet, von der Rückkehr zur Arbeit abgehalten und damit sich als Störenfriede erwiesen haben, die, im Interesse der Arbeitgeber wie der Arbeiter und im Interesse eines geordneten Ganges der Betriebe, von diesen fern gehalten werden müssen.

Wir erkennen als nächstliegende Pflicht, unseren Mitgliedern zu danken für die warme Aufnahme unseres Aufrufes, solidarisch für die hart bedrängten Arbeitgeber in Crimmitschau einzutreten. Es wurden uns sofort teilweise außerordentlich hohe Beträge zur Verfügung gestellt, die es uns ermöglichten, eine geordnete und regelmäßige Unterstützung in einer von den Beteiligten selbst für ausreichend erachteten Höhe zu leisten. Die bar zufließenden Mittel und die Ergebnisse der in unserem Auftrage von unserem Geschäftsführer mit den Vertretern der bedeutendsten Industrien in den verschiedenen Teilen unseres Vaterlandes persönlich geführten Verhandlungen hatten uns in den Stand gesetzt, den Leitern der Hilfsaktion im Ausstandsgebiete zu versichern, daß wir den uns zufallenden bedeutenderen Teil der Gesamtunterstützung sicher leisten würden, auch wenn der Ausstand von der Sozialdemokratie noch sehr lange sollte aufrecht erhalten werden.

Nochmals sagen wir unseren Mitgliedern für die großartige Unterstützung und den damit erwiesenen weiten Blick für die gemeinsamen Interessen der deutschen Industrie und ihrer Arbeiter den wärmsten Dank!

Wir behalten uns vor, in unserer nächsten Sitzung über die Rechnungslegung und deren Prüfung zu beschließen. Den verbliebenen Rest der eingezahlten Beiträge werden wir als Vermögensbestand für die Centralstelle der deutschen Arbeitgeberverbände zur Abwehr unberechtigter Angriffe der Arbeiter und ihrer Organisation aufbewahren. Ihre Begründung war von uns in unserer Sitzung vom 13. d. M. und dann weiter von der in Berlin am 17. d. M. abgehaltenen allgemeinen Versammlung beschlossen worden.

Auf die in unserem Rundschreiben vom 6. d. M. gegebene Anregung hat eine Anzahl unserer korporativen Mitglieder die nach einem gewissen Maßstabe geregelte Erhebung einmaliger oder bis auf weiteres fortlaufender Beiträge zur Unterstützung der Arbeitgeber in Crimmitschau in die Wege geleitet bezw. bereits zur Ausführung gebracht. Diese Mitglieder haben das selbstverständliche Recht, darüber zu bestimmen, ob sie diese Maßregel einstellen oder ihr Fortgang geben wollen. Das letztere zu tun, möchten wir den betreffenden Vereinen dringend anraten; denn es wird jetzt wesentlich darauf ankommen, die in Gang geratene Bewegung schnell und mit sicherer Hand zum Ziele zu führen. Dabei werden unsere korporativen Mitglieder zu erwägen haben, ob sie, in der Aussicht, selbst einen Arbeitgeberverband bilden zu können, die Beiträge als Vermögensstock für diesen ansammeln wollen, oder ob sie dieselben, wenn nach ihrer Zusammensetzung und Art die Bildung eines Arbeitgeberverbandes ausgeschlossen erscheint, dem Vermögensstock für die erwähnte Centralstelle zuführen wollen.

Da es für uns von großer Bedeutung ist, die ganze Bewegung in allen ihren Beziehungen fest im Auge zu behalten, so würden unsere Mitglieder uns durch tunlichst baldige Mitteilung über ihre betreffende Entschließung zu besonderem Dank verpflichten.

Hochachtungsvoll

Das Direktorium

des Centralverbandes Deutscher Industrieller.

Der Vorsitzende: I. V.: Vopelius, Mitglied des Herrenhauses.

Der Geschäftsführer: H. A. Bueck.

Anlage 6.

Berlin, den 22. März 1904.

An die

Mitglieder des Centralverbandes Deutscher Industrieller.

Der von der Sozialdemokratie längst geplante Ausstand in Crimmitschau sollte dem bei den letzten Wahlen zum Reichstag erzielten großen Erfolge einen solchen auf wirtschaftlichem Gebiete hinzufügen. Er bedrohte ernstlich den Bestand eines nicht unbedeutenden sächsischen Industrieplatzes mit seinen 83 Fabriken, deren Besitzer schwer geschädigt worden sind. Dieser Ausstand ist durch das einmütige, opferwillige Eingreifen der Arbeitgeber fast aller deutschen Industrien niedergeschlagen worden. Die Arbeitgeber hatten erkannt, daß der Ausstand hauptsächlich gegen das Recht des Unternehmers, seinen Betrieb selbstständig nach eigenem Ermessen zu leiten, gerichtet gewesen war. Sie hatten erkannt, daß im Falle des Sieges der Sozialdemokratie in Crimmitschau jeder Arbeitgeber gewärtig sein müßte, in gleicher, nur verschärfter Weise angegriffen zu werden.

Die von der Sozialdemokratie drohende schwere Gefährdung der deutschen Arbeit und der durch gemeinschaftliches Handeln der Arbeitgeber erzielte Erfolg haben in der Industrie das lebhafte Verlangen nach einem dauernden Zusammenschluß der Arbeitgeber zur Abwehr unberechtigter Bestrebungen und Ansprüche der Arbeiter und ihrer sozialdemokratischen Organisation hervorgerufen. Infolgedessen ist das Direktorium des Centralverbandes dringend aufgefordert worden, den Zusammenschluß der Arbeitgeber in die Wege zu leiten.

Demzufolge beschloß das Direktorium in seiner Sitzung am 13. Januar d. J.:

> „Eine Centralstelle der Arbeitgeberverbände zu errichten, um sie zur Bekämpfung unberechtigter Bestrebungen der Arbeiter untereinander in Verbindung zu bringen."

Das Direktorium war von dem Wunsche geleitet, in dieser, alle Gewerbetreibenden gleichmäßig betreffenden, von allen sonstigen wirtschaftlichen und handelspolitischen Gebiete abgesonderten Frage tunlichst alle Arbeitgeber im Deutschen Reiche zu vereinen. Um dieses Ziel zu erreichen, war es zunächst in Verhandlungen mit Vertretern von Vereinen, die dem Centralverbande nicht angehören, und von bestehenden Arbeitgeberverbänden eingetreten, die bereits eine längere, höchst erfolgreiche Wirksamkeit hinter sich haben, jedoch, obgleich teilweise selbst Mitglieder des Centralverbandes, in einem gewissen Gegensatz zu dessen sonstigen Zielen und Bestrebungen stehen.

Diese Verhandlungen haben zwar eine längere kostbare Zeit in Anspruch genommen, dafür aber zu einem erfreulichen und befriedigenden Ergebnis geführt. Ein Teil wird sich sofort der vom Centralverbande zu bildenden Centralstelle der Arbeitgeberverbände — sie wird hinfort Hauptstelle genannt werden — anschließen. Sofern die inneren Verhältnisse der betreffenden Verbände den sofortigen Anschluß vorläufig nicht zulassen, haben sie ihre Bereitwilligkeit ausgesprochen, mit der Hauptstelle in ein Kartellverhältnis einzutreten. Nur vereinzelte Gruppen haben erklärt, sich von einer von dem Centralverbande zu bildenden und dauernd zu leitenden Hauptstelle der Arbeitgeberverbände fernhalten zu müssen.

Dieser Widerspruch kann das Direktorium nicht abhalten, das ins Auge gefaßte Ziel mit allen ihm zu Gebote stehenden Mitteln zu verfolgen und die Aufgabe, die es sich im Interesse der deutschen Industrie gestellt hat, zu lösen. Der Ausschuß des Centralverbandes hatte in seiner am 17. d. M. abgehaltenen, sehr zahlreich besuchten Versammlung über den am 13. Januar d. J. gefaßten Beschluß des Direktoriums seine volle Befriedigung einstimmig ausgesprochen. Danach erachtet es das Direktorium nunmehr an der Zeit, an seine Mitglieder heranzutreten, die bestehenden Arbeitgeberverbände aufzufordern, sich der von ihm zu begründenden Hauptstelle anzuschließen und seinen Mitgliedern dringend nahezulegen, solche Arbeitgeberverbände, wo sie noch nicht bestehen, zu bilden, bezw. neben ihren sonstigen Aufgaben die Tätigkeit eines Arbeitgeberverbandes zu organisieren. In dieser Weise ist bereits seitens großer und bedeutender industrieller und wirtschaftlicher Verbände vorgegangen worden.

Den Arbeitgebern wird die volle Freiheit in jeder Beziehung zu wahren sein, diese Organisation nach ihren Erfordernissen und speziellen Interessen einzurichten. Demgemäß wird es ihnen vollkommen freistehen, sich örtlich oder in Bezirken oder nach Industrien getrennt zusammenzuschließen. Die Selbstverwaltung dieser Organisationen irgendwie anzutasten oder die Hauptstelle so auszugestalten, daß sie unberechtigt in jene Selbstverwaltung einzugreifen vermöchte, liegt unter keinen Umständen in der Absicht des Direktoriums.

Andererseits dürfte wohl anzuerkennen sein, daß der Anschluß an eine Organisation, in dem vorliegenden Falle an die Hauptstelle, es bedinge, dem leitenden, die Gesamtheit der Organisierten vertretenden Organe gewisse Befugnisse einzuräumen. Diese Befugnisse werden von den Vertretern der Gesamtheit der von der Hauptstelle umfaßten Verbände festzustellen sein. Die Hauptstelle soll in erster Reihe den Zweck verfolgen, durch Vereinigung der in Deutschland bestehenden oder sich neu bildenden Arbeitgeberverbände die gemeinsamen Interessen der Arbeitgeber gegenüber unberechtigten Ansprüchen und Bestrebungen der Arbeiter und ihrer sozialdemokratischen Organisationen zu schützen. Welche weiteren, auf demselben Gebiete liegenden Aufgaben der Hauptstelle zu überweisen sein sollten, kann späterer Erwägung vorbehalten bleiben.

Als Organe der Hauptstelle sind in Aussicht genommen der Vorstand, der Ausschuß und die Versammlung der Delegierten der angeschlossenen Arbeitgeberverbände.

Der Vorstand dürfte zu bestehen haben aus den von dem Direktorium des Centralverbandes bezeichneten und den von den Delegierten der Verbände gewählten Mitgliedern. Den Vorsitz im Vorstande führt der jeweilige Vorsitzende des Centralverbandes bezw. einer seiner Stellvertreter. Der Ausschuß würde gebildet werden können aus den Mitgliedern des Vorstandes und einer Anzahl weiterer, von den Delegierten des Centralverbandes und den Delegierten der Hauptstelle zu wählenden Mitglieder.

Die Vertretung der Verbände in der Delegiertenversammlung wird nach deren Bedeutung und Größe und demgemäß entweder nach der Zahl der von ihnen beschäftigten Arbeiter oder der in einem gewissen Zeitraum gezahlten Löhne zu bemessen sein.

Die Aufgaben und Befugnisse der verschiedenen Organe werden durch die Satzungen festzustellen sein.

Die Geschäfte der Hauptstelle wären zu führen von der Geschäftsführung des Centralverbandes Deutscher Industrieller, jedoch in einer, von dessen sonstigen Angelegenheiten gänzlich gesonderten Abteilung, deren Vorsteher von dem Vorstande der Hauptstelle zu berufen sein würde.

Eine ähnliche Einrichtung besteht bereits beim Centralverbande in der Abteilung für das Syndikatswesen. Sie wird gesondert durch einen Vorsteher verwaltet, und die Mitglieder dieser Stelle, die Kartelle oder Syndikate, sind nicht gehalten, auch Mitglieder des Centralverbandes zu sein oder zu werden. So wird auch für die sich der Hauptstelle anschließenden Arbeitgeberverbände keinerlei Zwang vorliegen, gleichzeitig Mitglieder des Centralverbandes Deutscher Industrieller zu sein.

Die Erfüllung der Aufgabe der Hauptstelle kann wohl nicht anders gedacht werden, als daß sie, bei großen Angriffen der Arbeiter beziehungsweise ihrer Organisationen, denen die betroffenen Arbeitgeber beziehungsweise deren Verbände aus eigener Kraft voraussichtlich nicht Stand zu halten vermögen, die Hilfe der vereinigten Arbeitgeber der gefährdeten Stelle zuführt. Hierbei wird als leitender Grundsatz voran zu stellen sein, daß die Hauptstelle nur auf Anrufung seitens eines Verbandes in Aktion zu treten habe.

Durch die Satzungen der Hauptstelle wird zu regeln sein, wie im einzelnen die Aktion der Hauptstelle sich zu vollziehen habe.

Nach Beendigung des Ausstandes in Crimmitschau war bei den Arbeitgebern, von denen die Organisation so dringend verlangt wurde, unverkennbar der Wille vorhanden, die Hauptstelle mit einem möglichst großen Fonds auszustatten, um sie jederzeit und wirkungsvoll hilfsbereit zu halten. Die Ansammlung eines solchen Fonds wurde schon wegen des moralischen Eindruckes auf die Arbeiter für unbedingt notwendig erachtet. Bei den vom Direktorium geführten Verhandlungen hat sich ergeben, daß die Ansichten in dieser Beziehung unter den Arbeitgebern geteilt sind. Dem Direktorium des Centralverbandes liegt es durchaus fern, diese bedeutungsvolle Frage selbständig entscheiden zu wollen; über sie werden, wie über die Regelung der Beitragsfrage überhaupt, die Delegierten der Arbeitgeberverbände zu entscheiden haben. Dabei wird auch die Frage zu lösen sein, in welcher Form und unter welchen Bedingungen der Anschluß einzelner Arbeitgeber an die Hauptstelle zulässig sein soll.

Das Direktorium erkennt die große Bedeutung der in den Händen der Arbeitgeber befindlichen Arbeitsnachweise in vollem Maße an. Sie haben sich als wirkungsvollste Waffe zur Abwehr unberechtigter Ansprüche und schwerster Angriffe seitens der Arbeiter erwiesen und auf diese unverkennbar in gewissem Grade erzieherisch eingewirkt. Sie werden sich unzweifelhaft auch als ein wirkungsvolles Mittel erweisen, um den Schutz der Arbeitswilligen durchzuführen, der zu den wesentlichsten Aufgaben der Organisation der Arbeitgeber gehören wird. Es wird zu erwägen sein, ob die Hauptstelle eine besondere Abteilung, etwa unter der Bezeichnung „Centralarbeitsnachweis", errichten soll zu dem Zwecke, die Verbindung zwischen den einzelnen Arbeitsnachweisen der Arbeitgeberverbände herzustellen, wenn von diesen Maßregeln ergriffen werden, die über das Gebiet des einzelnen Arbeitsnachweises hinausgehen, und daher die Anordnung gleicher Maßnahmen oder sonst die Unterstützung anderer Arbeitsnachweise bedürfen. Auch für die Zuziehung bezw. die Verteilung von Arbeitswilligen könnte der Centralarbeitsnachweis vielleicht gute Dienste leisten.

In vorstehendem haben wir eine Darstellung des Zweckes und der eventuellen Organisation der vom Centralverbande zu errichtenden Hauptstelle der deutschen Arbeitgeberverbände gegeben. Wir haben es getan, um nunmehr die dringende Bitte an unsere korporativen Mitglieder zu richten, unverzüglich und mit tunlichster Energie die Organisation von Arbeitgeberverbänden vorzunehmen, beziehungsweise sich zur Erfüllung der von jenen Verbänden verfolgten Zwecke auszugestalten.

Dabei gestatten wir uns, besonders den größeren Verbänden die Erwägung nahezulegen, ob die vorliegenden Verhältnisse es nicht zweckmäßig erscheinen lassen sollten, die Bildung von Orts- bezw. Bezirksvereinen vorzunehmen, diese dann in dem größeren Vereine zusammenzufassen und in dieser Zusammenfassung den Anschluß an die Hauptstelle zu bewirken.

Dieses Rundschreiben lassen wir auch unseren Einzelmitgliedern zugehen, mit der Bitte, den Spezialvereinen, denen sie angehören, ihre volle Unterstützung in der hier in Rede stehenden Sache zu gewähren.

Unsere Geschäftsführung wird auf Wunsch gerne bereit sein, in den zur Begründung von Arbeitgeberverbänden anberaumten Versammlungen oder Sitzungen zu erscheinen, um Auskunft zu erteilen und, soweit möglich, Hilfe zu leisten.

Wenn wir unsere Mitglieder bitten, der Bildung von Arbeitgeberverbänden ihre volle Kraft und Energie mit tunlichster Beschleunigung zuzuwenden, so geschieht dies im Hinblick auf die Sozialdemokratie, die alle erlaubten und viele unerlaubte Mittel rücksichtslos anwendet, um die Arbeiter in ihre Organisationen zu zwängen und diese fortgesetzt zu kräftigen und zu stärken.

Sicher wird die Sozialdemokratie versuchen, die in Crimmitschau erlittene Niederlage wettzumachen; schon gegenwärtig liegen sichere Anzeichen dafür vor, daß neue Ausstände und Angriffe auf die Arbeitgeber geplant werden, die wohl vorsichtiger eingeleitet werden dürften, und bei denen dann wohl die ganze, auch finanziell sehr bedeutende Kraft der sozialdemokratischen Gewerkschaften eingesetzt werden wird.

Solchen Verhältnissen gegenüber können wir es uns ersparen, für die Notwendigkeit der schleunigen Organisation der Arbeitgeber noch weitere Gründe anzuführen. Nur darauf möchten wir uns noch gestatten die Aufmerksamkeit zu lenken, daß Millionen gutgesinnter, treuer Arbeiter, auf denen jetzt die Schreckensherrschaft der Sozialdemokratie schwer lastet, die Kunde von der erfolgten Organisation der Arbeitgeber als eine Erleichterung und Erlösung empfinden würden.

Wir hoffen, daß unsere Mitglieder in der Lage sein werden, in der auf Dienstag, den 12. April d. J., anberaumten Delegiertenversammlung über recht günstige Erfolge ihrer Bemühungen zu berichten.

Hochachtungsvoll

Das Direktorium
des Centralverbandes Deutscher Industrieller.

Der Vorsitzende:
I. V.:
R. Vopelius.

Der Geschäftsführer:
H. A. Bueck.

Anlage 7.

Satzungen
der
Hauptstelle Deutscher Arbeitgeberverbände.

Name, Bezirk und Sitz.

§ 1.

Unter dem Namen: Hauptstelle Deutscher Arbeitgeberverbände ist eine Vereinigung von Arbeitgeberverbänden (s. § 4) und einzelnen Industriellen begründet worden, die das Deutsche Reich als Bezirk umfaßt und ihren Sitz in Berlin hat.

Zweck.

§ 2.

Die Hauptstelle Deutscher Arbeitgeberverbände, welche die Selbständigkeit der einzelnen Verbände völlig unangetastet läßt, hat neben dem Bestreben, ein friedliches Zusammenwirken von Arbeitgebern und Arbeitnehmern zu fördern, zum Zweck:

a) Durch Vereinigung der in Deutschland bestehenden oder sich neu bildenden Arbeitgeberverbände die gemeinsamen Interessen der Arbeitgeber gegenüber unberechtigten Anforderungen der Arbeitnehmer zu schützen,
b) den Schutz der Arbeitswilligen,
c) die Ausdehnung der Arbeitsnachweise der Arbeitgeber zu fördern,
d) die Streikklausel nach Möglichkeit durchzuführen,
e) den Rechtsschutz der Arbeitgeber in Angelegenheiten von grundsätzlicher Bedeutung zu übernehmen.

§ 3.

Zur Durchführung dieser Zwecke hat die Hauptstelle die Aufgabe:

1. Auf den Anschluß der schon bestehenden oder sich neu bildenden Arbeitgeberverbände hinzuwirken,

2. die Gründung neuer Arbeitgeberverbände im Anschluß an die Hauptstelle anzuregen und zu fördern,
3. die Errichtung und Ausgestaltung von Arbeitsnachweisen anzuregen und zu fördern, sowie die bestehenden Arbeitsnachweise miteinander in Verbindung zu bringen und für sie eine Centrale zu bilden,
4. die Sammlung von Materialien und die Einrichtung eines Nachrichtendienstes über alle für die Gestaltung der Arbeitsverhältnisse und der Arbeiterbewegung bedeutungsvollen Tatsachen zu bewirken,
5. eine Verbindung zwischen den verschiedenen Verbänden zur gemeinsamen Bekämpfung von Streiks und Boykotts der Arbeiter herbeizuführen,
6. den von unberechtigten Streiks oder Boykotts betroffenen Arbeitgebern Hilfe zu gewähren, zunächst durch eine in die Wege zu leitende Unterstützungsaktion der Einzelverbände,
7. eine Verbindung zwischen denjenigen Verbänden, die Streikkassen haben, durch Einrichtung eines Garantiefonds nach Art der Rückversicherung bei der Hauptstelle herbeizuführen.

Mitgliedschaft.

§ 4.

Mitglied der Hauptstelle können werden:

a) Arbeitgeberverbände und wirtschaftliche Vereine, die im Deutschen Reich ihren Sitz haben,
b) einzelne industrielle Firmen, die wegen ihres Wohnsitzes oder wegen anderer Verhältnisse behindert sind, sich einem Arbeitgeberverband anzuschließen.

§ 5.

Die Aufnahme erfolgt durch Beschluß des Vorstandes der Hauptstelle.

Lehnt der Vorstand die Aufnahme ab, so steht dem Antragsteller binnen einem Monat die Berufung an den Ausschuß zu, der endgültig entscheidet.

§ 6.

Der Austritt geschieht auf vorherige mindestens sechsmonatige Kündigung zum Schlusse des Geschäftsjahres. Die Austretenden verlieren mit dem Austritt jeden Anspruch an das Vermögen der Hauptstelle.

§ 7.

Ausgeschlossen kann ein Mitglied werden:

a) wenn es mit Zahlung der Beiträge für ein Geschäftsjahr im Rückstande geblieben ist,

b) wenn es sich beharrlich weigert, den Satzungen oder ordnungsmäßig gefaßten Beschlüssen der Verbandsversammlung der Hauptstelle Folge zu leisten,

c) wenn es durch sein Verhalten die Interessen der Hauptstelle gröblich verletzt hat.

Der Ausschluß geschieht bei Einzelmitgliedern durch Beschluß des Vorstandes, bei Verbänden durch den Ausschuß. Vor dem Beschlusse ist dem Mitglied Gelegenheit zu geben, sich zu dem Antrag auf Ausschließung zu äußern.

Dem Einzelmitglied steht gegen den Beschluß des Vorstandes Berufung an den Ausschuß, dem Verbande steht gegen den Beschluß des Ausschusses Berufung an die Verbandsversammlung der Hauptstelle zu. Die Berufung hat keine aufschiebende Wirkung.

§ 8.

Die Mitglieder sind verpflichtet,

1. der Hauptstelle die von der Verbandsversammlung und dem Ausschusse beschlossenen Nachrichten, Nachweisungen und Anzeigen zu den bestimmten Terminen zu erstatten,
2. die festgesetzten Beiträge zu entrichten,
3. den gemäß den Vorschriften dieser Satzungen oder den Beschlüssen der Verbandsversammlung (§ 33 Abs. 2) vom Vorstande zur Bekämpfung von Arbeiterbewegungen getroffenen Maßnahmen Folge zu leisten.

§ 9.

Die Mitglieder sind befugt,

a) den Rat der Organe der Hauptstelle in allen in deren Geschäftsbereich fallenden Angelegenheiten in Anspruch zu nehmen,

b) die gesammelten Nachweise, Statistiken usw. gemäß der darüber vom Ausschuß zu erlassenden Ordnung bereit gestellt zu erhalten,

c) die Hilfe der Hauptstelle bei der Bekämpfung ungerechtfertigter Ansprüche der Arbeitnehmer anzurufen, über deren Gewährung gemäß §§ 32, 33 in jedem einzelnen Falle entschieden wird.

Mitgliederbeiträge.

§ 10.

Die der Hauptstelle angeschlossenen Einzelmitglieder und Verbände zahlen einen Beitrag, dessen Höhe jährlich auf Antrag des Ausschusses durch die Verbandsversammlung festgesetzt wird. Er ist binnen einem Monat nach geschehener Aufforderung an die Kasse der Hauptstelle abzuführen.

Kartelle.

§ 11.

Mit solchen Verbänden (§ 4a), die aus inneren Gründen behindert sind, Mitglieder der Hauptstelle Deutscher Arbeitgeberverbände zu werden, können Kartellverträge abgeschlossen werden.

Organisation.

Der Vorstand.

§ 12.

Die Hauptstelle wird von einem Vorstande von 11 Mitgliedern geleitet. Vorsitzender des Vorstandes ist der jedesmalige Vorsitzende des Centralverbandes Deutscher Industrieller. Von den zehn Beisitzern werden vier von dem Direktorium des Centralverbandes Deutscher Industrieller benannt, die übrigen sechs wählt die Verbandsversammlung für die Zeit von drei Jahren.

Für den Vorsitzenden treten im Behinderungsfalle die von dem Centralverbande Deutscher Industrieller bezeichneten Stellvertreter ein.

§ 13.

Dem Vorstande steht die Vertretung der Hauptstelle in allen ihren Rechten und Verbindlichkeiten zu. Er hat die Ausführung der Beschlüsse des Ausschusses (§ 17) und der Verbandsversammlung zu besorgen. Er leitet die Angelegenheiten des Verbandes und beaufsichtigt den Geschäftsführer (§ 16).

§ 14.

Die Mitglieder des Vorstandes verwalten ihr Amt als unentgeltliches Ehrenamt. Bare Auslagen werden erstattet.

§ 15.

Der Vorstand ist beschlußfähig, wenn mindestens sechs Mitglieder anwesend sind. Die Beschlüsse des Vorstandes werden mit einfacher Mehrheit gefaßt. Bei Stimmengleichheit gilt der Antrag als abgelehnt.

Ueber die Verhandlungen und Beschlüsse ist ein Protokoll aufzunehmen.

Geschäftsführung.

§ 16.

Die Geschäfte der Hauptstelle werden von dem Geschäftsführer des Centralverbandes Deutscher Industrieller in einer von den sonstigen Angelegenheiten des Centralverbandes gesonderten Abteilung geführt.

Im Behinderungsfalle vertritt ihn in gleicher Weise, wie im Centralverbande Deutscher Industrieller, sein Stellvertreter.

Die Abteilung muß einen besonderen Vorsteher haben. Dieser wird von dem Vorstande, die Hilfsarbeiter werden, nach Bewilligung des Vorstandes, von dem Geschäftsführer angestellt.

Der Geschäftsführer des Centralverbandes Deutscher Industrieller sowie dessen Stellvertreter und der Vorsteher der Abteilung sind zur Vertretung der Hauptstelle nach außen, nach Maßgabe der vom Vorstande mit Genehmigung des Ausschusses aufgestellten Geschäftsordnung befugt. Sie sind berechtigt, an allen Sitzungen und Versammlungen der Organe der Hauptstelle mit beratender Stimme teilzunehmen.

Die Mitgliederlisten der Hauptstelle Deutscher Arbeitgeberverbände werden, gesondert von denen des Centralverbandes Deutscher Industrieller, in der Abteilung geführt.

Ausschuß.

§ 17.

Der Ausschuß besteht aus dem Vorstande und 22 Mitgliedern. Von den Mitgliedern werden 10 von der Delegiertenversammlung des Centralverbandes Deutscher Industrieller, 12 von der Verbandsversammlung gewählt. Der Ausschuß ist befugt, aus der Gruppe der Einzelmitglieder sich ein bis drei Mitglieder zuzuwählen. Vorsitzender ist der Vorsitzende des Vorstandes.

Der Ausschuß hat außer den ihm in den Satzungen sonst beigelegten Befugnissen

1. die Aufstellung des Haushaltplanes,
2. die Abnahme der Jahresrechnung,
3. die Beschlußfassung über die Besoldung aller Beamten, die mehr als 3000 M. Gehalt erhalten oder die mit einer Kündigungsfrist von mehr als sechs Wochen angestellt sind,
4. die Genehmigung aller außeretatsmäßigen Ausgaben und die Anordnung außerordentlicher Beiträge bis zur Höhe des dreifachen Jahresbeitrages,

5. die Genehmigung zu allen Verträgen, aus denen dem Verbande Verpflichtungen entstehen, sofern die Mittel dafür nicht entweder ausdrücklich durch den Haushaltplan oder durch besondere Beschlüsse bewilligt sind oder im Einzelfall weniger als 1000 M. betragen,
6. die Genehmigung zur Gewährung von Unterstützung an Verbände und Arbeitgeber zur Durchführung ihnen aufgedrungener Kämpfe mit den Arbeitnehmern,
7. die Vorbereitung der Verbandsversammlung,
8. die Entgegennahme der Geschäftsberichte des Vorstandes.

§ 18.

Der Ausschuß ist jedenfalls in jedem Jahr einmal zusammenzuberufen. Er ist beschlußfähig, wenn mindestens 11 Mitglieder anwesend sind.

Die Beschlüsse werden nach einfacher Mehrheit der Anwesenden gefaßt, bei Stimmengleichheit gelten Anträge als abgelehnt.

Die Ladungen müssen außer in ganz dringlichen Fällen, mindestens eine Woche vorher zur Post gegeben sein.

§ 19.

In dringlichen Fällen ist der Vorstand berechtigt, an Stelle des Ausschusses, vorbehaltlich dessen nachträglicher Zustimmung, in den zur Zuständigkeit des Ausschusses gehörigen Angelegenheiten selbständige Anordnungen zu treffen. Der Ausschuß ist dann binnen 14 Tagen zusammenzuberufen.

§ 20.

Der Vorstand und der Ausschuß sind befugt, für bestimmte Zwecke, sowie auch zur dauernden Erledigung gewisser Angelegenheiten Kommissionen einzusetzen, denen auch die selbständige Verfügung über ihnen überwiesene Mittel zugestanden werden kann.

Verbandsversammlung.

§ 21.

Die Verbandsversammlung setzt sich zusammen aus Abgeordneten der Verbände und der Gruppe der der Hauptstelle unmittelbar angehörigen Einzelpersonen.

§ 22.

Jeder Verband hat mindestens eine Stimme, soweit er nicht bereits durch einen Gesamtverband vertreten wird. Verbände, deren Mitglieder nach den bei den Berufsgenossenschaften eingereichten Lohnnachweisungen durchschnittlich mehr als 10 000 Arbeiter beschäftigen, haben zwei Stimmen, für jede weiteren angefangenen 10 000 Arbeiter, wobei indes ein Ueberschuß von weniger als 1000 Arbeitern nicht gerechnet wird, erhält der Verband eine weitere Stimme.

Jeder Verband ist berechtigt, soviel Abgeordnete zu der Verbandsversammlung zu entsenden, als er Stimmen hat; die Stimmen können jedoch von einem Abgeordneten geführt werden. Die Mitglieder des Vorstandes sind in der Versammlung für ihre Person stimmberechtigt. Wegen der Abgeordneten der Gruppe der Einzelfirmen vergl. § 29.

§ 23.

Die Einladung zur Verbandsversammlung erfolgt durch eingeschriebenen Brief, der in der Regel 14 Tage, mindestens aber eine Woche vor dem Tage der Versammlung zur Post gegeben sein muß. Die Einladung muß die Tagesordnung enthalten. Ueber Gegenstände, die nicht auf der Tagesordnung stehen, darf nur dann Beschluß gefaßt werden, wenn kein Widerspruch von einem der Anwesenden erfolgt.

Beantragen Verbände mit zusammen mindestens 5 Stimmen die Aufnahme eines Gegenstandes auf die Tagesordnung, so ist dem Antrage seitens des Vorstandes Folge zu geben.

Beantragen Verbände mit mindestens 15 Stimmen die Einberufung einer Verbandsversammlung, unter Angabe der Tagesordnung für diese Versammlung, so ist die Verbandsversammlung binnen 14 Tagen einzuberufen.

Die Verbandsversammlung ist mindestens einmal im Jahre einzuberufen.

§ 24.

Die Verbandsversammlung faßt ihre Beschlüsse mit einfacher Stimmenmehrheit der Anwesenden. Anträge gelten bei Stimmengleichheit als abgelehnt.

§ 25.

Der Vorsitzende des Vorstandes leitet die Verbandsversammlung; über den Verlauf und die Beschlüsse der Verbandsversammlung ist ein Protokoll aufzunehmen, das vom Vorsitzenden und drei von der Verbandsversammlung gewählten Abgeordneten unterzeichnet wird.

§ 26.

Der Verbandsversammlung liegt ob:

1. die Wahl von 6 Vorstands- und 12 Ausschußmitgliedern,
2. die Entlastung des Vorstandes auf Antrag des Ausschusses,
3. die Entgegennahme der Geschäftsberichte des Vorstandes und Ausschusses,

4. die Festsetzung des Beitrags der angeschlossenen Verbände (§ 10) sowie die Anordnung außerordentlicher Beiträge, die den dreifachen Jahresbeitrag übersteigen (§ 17),
5. die Abänderung der Satzungen,
6. die Feststellung der Grundsätze, die bei einer eventuellen Hilfsaktion für das Verfahren der Mitglieder maßgebend sein sollen,
7. die Beschlußfassung über die Auflösung des Verbandes,
8. die Erledigung aller Angelegenheiten, die der Verbandsversammlung durch den Ausschuß oder durch Verbände mit zusammen fünf Stimmen (vgl. § 23) zur Beschlußfassung vorgelegt werden.

Zu Abänderungen der Satzungen und Auflösung des Verbandes (Nr. 5 und 7) ist zwei Drittel Mehrheit der Anwesenden erforderlich.

Zur Auflösung des Verbandes und zur Abänderung der §§ 12 und 16 der Satzungen ist außerdem die Zustimmung der Delegierten-Versammlung des Centralverbandes Deutscher Industrieller erforderlich.

Die Gruppe der Einzelfirmen.

§ 27.

Die Einzelfirmen, die sich unmittelbar an die Hauptstelle angeschlossen haben, können sich zu einer Gruppe zusammenschließen.

§ 28.

Die Gruppe ordnet ihre Organisation und Tätigkeit durch besondere Satzungen, die aber der Bestätigung durch den Vorstand bedürfen.

§ 29.

Die Gruppe gilt für die Wahl von Abgeordneten zur Verbandsversammlung als ein angeschlossener Verband. Die Vorschriften des § 22 finden entsprechende Anwendung. Solange die Gruppe weniger als drei Stimmen in der Verbandsversammlung hat, wählt sie nur ein Mitglied, bei weniger als sechs Stimmen nur zwei Mitglieder in den Ausschuß.

§ 30.

Von den von dem Gesamtvorstande erhobenen Beiträgen der Gruppenmitglieder wird ein Viertel der Gruppe zur Verfügung gestellt. Die Gruppe ist befugt, Zuschläge zu den Verbandsbeiträgen zu erheben.

Streikunterstützung.

§ 31.

Diejenigen Verbände, die satzungsgemäß an ihre Mitglieder fest bestimmte Streikunterstützungen gewähren, können sich zu einer besonderen Gruppe zusammenschließen. Die Vorschriften des § 28 und § 30, Satz 2, finden entsprechende Anwendung.

Die Gruppe ist insbesondere auch befugt, auf eine Vereinheitlichung der sich auf die Streikunterstützung beziehenden Vorschriften in den Satzungen der angeschlossenen Verbände hinzuwirken und eine Verbindung der einzelnen Verbände durch Errichtung eines Garantiefonds nach Art einer Rückversicherung herbeizuführen.

Schutztätigkeit der Hauptstelle.

§ 32.

Jeder Verband ist verpflichtet, der Hauptstelle von jedem bei seinen Mitgliedern ausgebrochenen Streik, ferner von jedem gegen eins seiner Mitglieder ausgesprochenen Boykott und ebenso von jeder von seinen Mitgliedern vorgenommenen Aussperrung nach vorgeschriebenem Formular Anzeige und über den Verlauf und Ausgang jede gewünschte Mitteilung zu machen.

Wünscht ein Verband den Schutz der Hauptstelle, so beschließt darüber der Ausschuß nach Anhörung des Vorstandes des betroffenen Verbandes.

Als Schutzmaßregeln kommen in Betracht

a) Gewährung von Geldmitteln,
b) Nichtannahme der streikenden, ausgesperrten oder widerrechtlich ausgetretenen Arbeiter.

Sollen weitergehende Maßregeln ergriffen werden, so ist die Beschlußfassung der Verbandsversammlung erforderlich. Die Verbandsversammlung kann allgemein oder für den einzelnen Fall die Befugnisse des Ausschusses erweitern.

Wünscht eine Einzelfirma, die unmittelbares Mitglied der Hauptstelle ist (§§ 4, 27), den Schutz der Hauptstelle, so beschließt darüber und über die Art des Schutzes der Vorstand der Hauptstelle nach Anhörung der etwa vorhandenen Gruppe.

Als Schutz kann gewährt werden

a) Gewährung von Geldmitteln,
b) Nichtannahme der streikenden, ausgesperrten oder widerrechtlich ausgetretenen Arbeiter.

Sollen weitergehende Maßregeln ergriffen werden, so ist die Zustimmung des Ausschusses erforderlich.

§ 33.

Jedes Mitglied der Hauptstelle ist verpflichtet, den Beschlüssen auf Nichtannahme streikender, ausgesperrter oder widerrechtlich ausgetretener Arbeiter und Aufbringung der Geldmittel zur Durchführung einer Hilfsaktion (§ 17 Nr. 4) Folge zu leisten.

Zur Befolgung aller übrigen Beschlüsse zum Schutze der Arbeitgeber sind die einzelnen Verbände und Mitglieder nur insoweit verpflichtet, als sie vorher erklärt haben, den weitergehenden Maßnahmen allgemein oder für den einzelnen Fall beizutreten. Ist eine solche Erklärung abgegeben, so kann sie nur nach sechsmonatiger Kündigung wieder zurückgenommen werden.

Jeder Verband, der eine solche Erklärung abgibt, ist verpflichtet, von allen seinen Mitgliedern die gleiche Erklärung zu fordern und Sorge zu tragen, daß die Maßnahmen auch durchgeführt werden.

Auflösung der Hauptstelle.

§ 34.

Wird die Hauptstelle aufgelöst, so ist über das Vermögen und die Erfüllung der Verbindlichkeiten der Hauptstelle von der Verbandsversammlung Beschluß zu fassen.

V.

Beschlüsse der Delegiertenversammlung des Centralverbandes Deutscher Industrieller am 12. April 1904.

a) zu dem Entwurf eines Gesetzes, betreffend die Aenderung des Abschnittes IV des Börsengesetzes.

I. Der Centralverband Deutscher Industrieller erkennt die Schädigungen an, die durch die Bestimmungen des Börsengesetzes vom 22. Juni 1896 dem Erwerbs- und Wirtschaftsleben besonders dadurch bereitet worden sind, daß wichtige, für den großen Verkehr unentbehrliche Geschäftsformen verboten wurden, anderen durch das Gesetz in Verbindung mit der betreffenden Rechtsprechung der Rechtsboden entzogen und dadurch Anregung zu schweren Verletzungen von Treu und Glauben gegeben worden ist, und daß diese Verletzungen sogar unter gesetzlichen Schutz gestellt wurden.

II. Der Centralverband begrüßt daher die Absicht, das Börsengesetz durch die Vorlage vom 19. Februar d. J. zu ändern, bedauert aber ernstlich, daß die auch von den Verbündeten Regierungen voll anerkannten Schädigungen nur zum Teil abgestellt werden sollen, und daß die Regierungen von der notwendigen grundlegenden Aenderung des Gesetzes Abstand genommen haben.

III. Der Centralverband erkennt jedoch an, daß die Vorlage wohl geeignet ist, eine teilweise Besserung des gegenwärtigen haltlosen Zustandes herbeizuführen. Er richtet daher an die Verbündeten Regierungen und an den Reichstag die dringende Bitte, nicht nur an den gemachten Vorschlägen festzuhalten, sondern sie noch in der Richtung zu erweitern, daß der Kreis solcher Personen, denen Rechtsschutz für die Nichterfüllung ihrer aus Bankier- und Börsengeschäften entstandenen Verpflichtungen gewährt wird, weiter eingeengt, und daß die rückwirkende Kraft des Gesetzes vollständig gemacht werden möchte.

b) zu der Regierungsvorlage, betreffend den Entwurf eines Gesetzes wegen Aenderung des Reichsstempelgesetzes.

Bezüglich der Novelle zum Reichsstempelgesetz hegt der Centralverband die Besorgnis, daß die in dem vorliegenden Entwurf vorgesehenen Bestimmungen zur Abstellung der durch die jetzige Steuergesetzgebung verursachten Schäden, welche die Begründung der Gesetzesnovelle anerkennt, nicht ausreichen. Es ist daher im Interesse der deutschen Volkswirtschaft und insbesondere der Reichsfinanzen selbst als dringend wünschenswert zu erachten, daß die Ermäßigungen des Effekten- und Umsatzstempels durchgreifender gestaltet, und daß der Umsatz in deutschen Staatspapieren von jeder Abgabe freigelassen werde.

VI.

Der Ausschuß des Centralverbandes Deutscher Industrieller

nach den Neuwahlen und Ergänzungen vom 12. April 1904.

Mitglieder.	Stellvertreter.
Böcking, Rud., Kommerzienrat, Brebach.	Röchling, Louis, Hüttenbesitzer, Völklingen a. Saar.
Böddinghaus, Wilh., Geh. Kommerzienrat, Elberfeld.	Langen, C. O., jr., Fabrikbesitzer, M.-Gladbach.
Brauns, H., Kommerzienrat, Dortmund.	Lehmann, Dr., Handelskammer-Syndikus, Geschäftsführer des Vereins Deutscher Tuch- und Wollwarenfabrikanten und des Vereins für die berg- und hüttenmännischen Interessen im Aachener Bezirk, Aachen.
Buderus, Hugo, Geh. Kommerzienrat, Hirzenhain.	Stumpf, F., Generalsekretär des Georgs-Marien-Bergwerks- und Hütten-Vereins, Syndikus der Handelskammer zu Osnabrück, Osnabrück.
Delius, Karl, Geh. Kommerzienrat, Aachen.	Delden, Gerit van, Kommerzienrat, Gronau i. W.
Frey, Max, Kommerzienrat, Mülhausen i. E.	Mieg, Daniel, Fabrikant, Mülhausen i. E.
Gärtner, R., Generaldirektor, Freiburg i. Schl.	Websky, Ernst, Fabrikbesitzer, Tannhausen.
Goldschmidt, Dr. Carl, Essen.	Curtius, Richard, Duisburg.
Groß, F., Kommerzienrat, Augsburg.	Hummel, Friedr., Generaldirektor, Ettlingen.
Haarmann, A., Dr.-Ing., Geh. Kommerzienrat, Osnabrück.	Baare, Fritz, Kommerzienrat, Bochum.
Kauffmann, Dr. Georg, Wüstegiersdorf.	Dierig, Friedr., Kommerzienrat, Oberlangenbielau.

Köchlin, Ed., Weiler b. Thann i. E.
Koegel, Direktor, München.

Krabler, E., Geh. Bergrat, Altenessen.
Kraushaar, Dr., Generaldirektor, Hannover.
Linke, Paul, Domänenrat, Slawentzitz.
Lueg, C., Dr.-Ing., Geh. Kommerzienrat, Düsseldorf.
Lueg, H., Geheimer Kommerzienrat, Düsseldorf.

Meyer, Ed., Fabrikbesitzer, Aachen.
Meyer, Gerh. L., Geh. Kommerzienrat, Hannover.
Müser, Generaldirektor, Dortmund.
Niethammer, Albert, Geh. Kommerzienrat, Kriebstein.
Nickel, Ferd., Direktor, Harburg.
Rötger, Landrat a. D., Essen (Ruhr).

Sartorius, Franz, Direktor, Bielefeld.
Servaes, Geh. Kommerzienrat, Düsseldorf.
Stark, Emil, Direktor, Chemnitz.
Walter, W., Direktor, Hannover-Linden.
Weißdorf, Generaldirektor, Burbacher Hütte.
Winkler, Paul, Kommerzienrat, Fürth.

Burghardt, Gebweiler.
Görtz, Ed., Kommerzienrat, Mülfort bei Odenkirchen.
Caro, Kommerzienrat, Gleiwitz.

Heintze, G., Direktor, Döhren bei Hannover.
Williger, Generaldirektor, Kattowitz.
Ziegler, Direktor, Oberhausen.

Schroedter, E., Dr.-Ing., Ingenieur, Geschäftsführer des Vereins Deutscher Eisenhüttenleute und des Vereins Deutscher Maschinenbauanstalten, Düsseldorf.
Neubarth, Eug., Fabrikbes., Forst.
Jüngst, Geh. Bergrat, Berlin.

Graßmann, Bergrat, Essen.

Krauß, Jos., Kommerzienrat, Pfullingen.
Herbst, Kommerzienrat, Triebes.
Voltz, Dr., M. d. A., Generalsekretär des Oberschlesischen Berg- und Hüttenmännischen Vereins, Kattowitz.
Möhlau, Ad., Kommerzienrat, Düsseldorf.
Kamp, Generaldirektor, Laar bei Ruhrort.
Schmid, Th. W., Direktor, Hof.

Wandel, Rechtsanwalt, Essen, Ruhr.
Müllensiefen, Th., Fabrikbesitzer, Crengeldanz.

Zugewählte Mitglieder.

Beumer, Dr. W., M. d. R. u. d. A., Generalsekretär des Vereins zur Wahrung der gemeinsamen wirtschaftlichen Interessen in Rheinland und Westfalen und der Nordwestlichen Gruppe des Vereins Deutscher Eisen- und Stahl-Industrieller, Düsseldorf.

Blohm, Herm., Hamburg.

Borsig, Ernst, Kommerzienrat, Berlin.

Buz, A., Kommerzienrat, Augsburg.

Claus, Hubert, Kommerzienrat, Berlin.

Clouth, Franz, Fabrikbesitzer, Köln-Nippes.

Coste, D., Kommerzienrat, Biere.

Dietel, Franz, Kommerzienrat, Coßmannsdorf.

Dietrich, Dr., Handelskammer-Syndikus, Plauen.

Ditges, Generalsekretär des Vereins Deutscher Papierfabrikanten und des Vereins Deutscher Schiffswerften, Berlin.

Dittmar, G., Direktor, Geschäftsführer des Mittelrheinischen Fabrikantenvereins und der Süddeutschen Gruppe des Vereins Deutscher Eisen- und Stahl-Industrieller sowie Syndikus der Handelskammer Mainz, Mainz.

Dulon, M., Kommerzienrat, Magdeburg.

Engel, Bergmeister, Geschäftsführer des Vereins für die bergbaulichen Interessen im Oberbergamtsbezirk Dortmund, Essen (Ruhr).

Fiebelkorn, Dr., Geschäftsführer des Verbandes Deutscher Tonindustrieller, Berlin.

Funcke, Wilh., Kommerzienrat, Hagen i. W.

Fuchs, H., Direktor der Norddeutschen Wagenbau-Vereinigung, Berlin.

Gräßner, Bergwerksdirektor a. D., Leopoldshall-Staßfurt.

von Guilleaume, Th., Kommerzienrat, Köln.

Haeffner, Ad., Fabrikbesitzer, Frankfurt a. M.

Hartmann, Gust., Geh. Kommerzienrat, Dresden.

Heckmann, Paul, Kommerzienrat, Berlin.

Fürst Guido Henckel von Donnersmarck, Neudeck.

Henneberg, Ernst, Fabrikbesitzer, Freienwalde a. O.

Hirsch, M. d. A., Syndikus der Handelskammer Essen, Essen (Ruhr).

Hoeter, Ministerialdirektor a. D., Berlin.

Jordan, Dr. H., Bankdirektor, Elberfeld.

Kirdorf, A., Geh. Kommerzienrat, Rothe Erde bei Aachen.

Körting, Berth., Kommerzienrat, Hannover.

Krause, Max, Baurat, Berlin.

Krüger, Generalleutnant z. D., Exz., Geschäftsführer des Vereins der Fabrikanten landwirtschaftlicher Maschinen und Geräte, Leipzig.

Langen, Gottlieb, Köln.

Mann, L., Handelsrichter, Vorsitzender des Vereins Deutscher Lackfabrikanten, Berlin.

Martens, Dr., Syndikus der Handelskammer Dortmund, Dortmund.

Menck, J. A., M. d. A., Fabrikbesitzer, Altona.

Neidhardt, Präsident der Handelskammer Plauen, Plauen i. V.

Offermann, Geh. Kommerzienrat, Leipzig.

Protzen, Kommerzienrat, Berlin.

Rentzsch, Dr. H., Blasewitz bei Dresden.

Scherenberg, Ernst, Syndikus, Geschäftsführer des Vereins Deutscher Eisengießereien, Elberfeld.

Schieß, Ernst, Geh. Kommerzienrat, Düsseldorf.

Schimpf, Direktor, Berlin.

Schott, F., Direktor, Heidelberg.

Selve, Geheimer Kommerzienrat, Altena i. W.

Seyffardt, Heinrich, Kommerzienrat, Krefeld.

Skene, Karl, Kommerzienrat, Klettendorf.

Stahl, H. J., Dr.-Ing., Kommerzienrat, Stettin.

Steller, Paul, Generalsekretär des Vereins der Industriellen des Regierungsbezirks Köln und des Vereins Deutscher Werkzeugmaschinenfabriken, Köln.

Tille, Dr. Alexander, Syndikus d. Handelskammer Saarbrücken, Generalsekretär des Vereins zur Wahrung der gemeinsamen wirtschaftlichen Interessen der Saarindustrie und der Südwestlichen Gruppe des Vereins Deutscher Eisen- und Stahlindustrieller, St. Johann a. d. Saar.

Vogel, Hermann, Geh. Kommerzienrat, Chemnitz.

Weinlig, Generaldirektor, Dillingen.

Werminghoff, J., Generaldirektor, Berlin.

Wessel, C., Geh. Kommerzienrat, Bernburg.

van den Wyngaert, J., Vorsitzender des Verbandes Deutscher Müller, Berlin.

Zschille, Georg Herm., Großenhain.

van der Zypen, Jul., Geh. Kommerzienrat, Köln.

FSC
www.fsc.org
MIX
Papier | Fördert
gute Waldnutzung
FSC® C083411

Kolibri 360 GmbH
Ferdinand-Jühlke-Straße 7
99095 Erfurt, Deutschland
produktsicherheit@kolibri360.de